Béatrice Millêtre

PETIT ATELIER DU MIEUX-ÊTRE AU TRAVAIL

FIRST
Editions

ISBN : 978-2-7540-1765-7
Dépôt légal : 2e trimestre 2010

Édition : Marie-Anne Jost-Kotik
Conception couverture : Hokus Pokus
Correction : Émeline Guibert
Mise en page : Madjid Benhemam

Imprimé en France

Éditions First
60, rue Mazarine
75006 Paris – France
Tél. : 01 45 49 60 00
Fax : 01 45 49 60 01
E-mail : firstinfo@efirst.com
Internet : www.editionsfirst.fr

À propos de l'auteur

Béatrice Millêtre est docteur en psychologie. Elle pratique les thérapies comportementales et cognitives.

Formée aux neurosciences à l'École Normale Supérieure, elle participe aux premières formations en Sciences Cognitives en France. Elle ne se limite pas aux aspects traditionnels de la psychologie, ayant une approche innovante, sans cesse remise en question par l'aide qu'elle peut apporter au plus grand nombre.

C'est ainsi qu'elle crée et utilise avec succès la thérapie par projets pour contrer l'ennui, qu'elle identifie comme source à de nombreuses problématiques ; elle est également à l'origine de l'utilisation du raisonnement intuitif pour libérer son potentiel, et prône une approche directement issue de la psychologie positive pour changer son regard sur soi et les autres, et retrouver naturel, spontanéité et sérénité.

Elle n'a de cesse de transmettre au plus grand nombre, toujours avec chaleur, enthousiasme et simplicité. Elle intervient à ce titre régulièrement dans des congrès et publie des ouvrages visant à améliorer le bien-être mental.

SOMMAIRE

INTRODUCTION

Aux sources du malaise que vivent de nombreux salariés aujourd'hui, se trouvent de multiples paramètres. Le stress arrive en numéro un, car il a été longtemps associé à un type de management consistant à mettre de la pression sur les collaborateurs pour qu'ils travaillent efficacement. On en revient, mais la charge de travail, elle, est toujours là.

En numéro deux vient la perte de sens. Sens porté par le travail lui-même, mais également incompréhension devant ce qu'est devenu le monde du travail, ce que sont les managers d'aujourd'hui.

Que de fois dans mon bureau, les personnes que je reçois me disent : « *Si vous saviez comme mon chef est incompétent !* » Non pas incompétence, mais compétences différentes. En effet, depuis l'époque où le chef était capable de remplacer chacun de ses collaborateurs à leur poste de travail (il avait les mêmes compétences, plus d'autres), nous sommes passés au temps du chef ayant moins de compétences que je qualifierais de « techniques » et plus de compétences « relationnelles », donc moins visibles au premier regard.

Et ceci n'est qu'un exemple parmi d'autres du manque de compréhension et de communication entre managers et collaborateurs.

Tous s'accordent aujourd'hui à penser que l'entreprise se doit de changer, dans ses modes de fonctionnement, dans ses moteurs et dans ses valeurs. Ce n'est pas encore le cas. Alors ? Que faire en attendant ? Prendre son mal et sa souffrance en patience et attendre que le temps passe ? Non, car de multiples réponses existent heureusement à un problème complexe donné.

Tout d'abord, une réponse globale faisant intervenir entreprises, chercheurs, écoles de formation et État. Ensuite, une réponse individuelle, car chacun, au sein de son équipe, a le pouvoir de changer, de s'adapter, de faire évoluer son cadre de travail et ses relations aux autres. Ce n'est pas facile me direz-vous. Non, mais c'est faisable. En témoignent les nombreuses personnes qui viennent me consulter avec le même malaise, et qui arrivent à gérer la situation, à faire en sorte de vivre mieux, dans un contexte toujours semblable. En effet, une des raisons profondes de ce malaise si douloureux réside bien dans l'attente, dans l'espoir même, que l'environnement change et devienne plus sécurisant.

Ainsi, comme chacun d'entre nous, chaque matin, le salarié se lève et se dit (ce n'est pas écrit comme cela dans son esprit, mais cela revient au même) : « *Aujourd'hui, cela va être différent : aujourd'hui, ma charge de travail sera moindre, aujourd'hui mon chef sera disponible, aujourd'hui il me laissera faire à ma manière, aujourd'hui mes collaborateurs auront terminé le dossier X…* » Ce qui est source de frustration car cela ne se produit pas.

C'est en cela que chacun peut intervenir, pour avoir une vision claire de ce qu'il attend, et changer son comportement et ses attitudes dans les mêmes situations qu'il vit quotidiennement.

Et cela fonctionne. À raison d'un peu de pratique régulière avec les bons outils. Des outils toujours simples d'utilisation, mais efficaces.

Mon propos n'est pas de vous donner toutes les solutions, je ne les ai pas, mais de vous proposer des pistes de réflexion avec quelques outils qui vous permettront d'avancer.

Au travers de mon expérience avec les nombreuses personnes que j'ai reçues à mon cabinet, trois grandes voies se dégagent :

- Pour les **collaborateurs**, par exemple, apprendre à voir leur hiérarchie autrement. Apprendre à mettre en place des solutions simples aux problèmes quotidiens. Comment faire lorsque votre chef vous demande un travail et que vous êtes déjà submergé (je vous fais grâce de la solution prônée partout, mais ô combien inefficace, qui consiste à lui dire un « non » franc et massif) ? Comment arriver à réfléchir lorsque votre bureau se trouve dans un open space ? Comment arriver à faire des pauses, ces fameux moments de détente si utiles mais si difficiles à mettre en place ? Comment exprimer votre personnalité propre et ne pas la noyer dans le moule, au prix de votre efficacité ? Comment ne pas se laisser déborder par ses horaires et comment ne pas rentrer chez soi la tête remplie de dossiers ? Comment mieux comprendre votre chef ? Comment trouver du sens dans un contexte dans lequel vous ne vous reconnaissez plus ? Autant de questions lourdes au premier abord, mais pour lesquelles il existe des moyens destinés à mieux y répondre.
- La deuxième voie est celle des **managers** qui se doivent de tirer parti des compétences de leurs collaborateurs, et donc apprendre à voir leur valeur, même si celle-ci s'exprime différemment. Des managers qui doivent redéfinir leur rôle de manière plus humaine, qui doivent apprendre à valoriser leurs équipes (non, ce n'est pas se transformer en maître d'école que de faire des critiques pour que les collaborateurs puissent progresser), à les informer, à les motiver et à les encourager.
- La troisième voie est celle du **contexte actuel**. Contexte qui a changé et que j'appelle la règle du jeu. Trop nombreux sont ceux qui n'ont pas pris en compte les nouvelles avancées et

donc les nouvelles règles qui en découlent (qui sait qu'on ne répond pas systématiquement aux emails par exemple ?). Trop nombreuses sont les personnes qui interprètent de manière négative les attitudes de leur direction, rêvent de la changer et attendent cela pour être enfin bien. Oui, mais tout se passe alors comme si vous vous trouviez au milieu d'une partie de Monopoly® et que vous, et vous seul, utilisiez les règles du Cluedo®. Vous ne pouvez qu'être frustré, déçu, voire en colère et aigri. En somme, rien ne vous oblige à jouer au Monopoly®. Mais si vous en suivez les règles, la partie se déroule mieux. Pour tout le monde.

J'ai choisi de vous emmener dans ce voyage pour vivre bien en entreprise au travers d'exemples, tous réels, qui m'ont été rapportés par les personnes venues me consulter. Vous trouverez peut-être cette approche simpliste, mais l'accumulation de ces situations stressantes a justifié le fait de venir prendre conseil auprès de la thérapeute que je suis, dans le but de supprimer ces souffrances qui s'accumulent au cours de la journée.

Rendez ces contrariétés plus faciles à vivre et moins douloureuses et vous serez sur la bonne voie pour aller mieux.

Ainsi, avec chaque exemple, vous trouverez un éclairage différent afin de vous aider à prendre du recul et à mettre en place des solutions pour l'avenir.

CHAPITRE 1

MON CHEF EST INCOMPÉTENT

Je ne sais si tous les collaborateurs trouvent, un jour ou l'autre, leur chef incompétent, mais nombreux sont ceux qui s'en désolent.

Tel Christophe qui travaille dans l'informatique : « Mon *n+1 ne connaît pas la programmation. Pourtant il me harcèle chaque jour pour que je lui explique ce que je fais. Il n'y a pas plus incompétent que lui, et il cherche à se mettre en avant en faisant semblant de savoir ce que je dois faire. Comment voulez-vous qu'il soit pris au sérieux ? Il n'a qu'à d'abord apprendre son travail. Ensuite on verra s'il peut encore me donner des leçons !* »

Prenons aussi l'exemple de Clémentine, professeur des écoles qui parle de son directeur : « *Christian ? Il est incompétent au possible. Il n'en fiche pas une ! En plus, il s'attribue notre travail. Lors du conseil des maîtres, les seules choses qu'il trouve à dire c'est qu'il ne faut pas froisser le rectorat, mais des idées, il n'en a aucune. Et le pire, c'est qu'après, il fait de grands discours en reprenant nos paroles, comme si elles venaient de lui, et en faisant des ronds de jambe à l'inspectrice !* »

Et encore cette doctorante à qui son directeur de thèse dit : « *Je ne peux pas t'aider : je ne connais pas ton sujet dans le détail, et je ne comprends rien à ce que tu fais.* »

À l'aune de quoi ces personnes jugent-elles leur chef incompétent ? À l'aune des compétences qu'ils estiment que leur chef devrait posséder pour être un bon chef. En ce sens, il ne devrait pas être pris en défaut, devrait connaître les sujets parfaitement, et être capable de faire le travail de ses collaborateurs aussi bien qu'eux-mêmes.

En effet, on ne conçoit pas que son chef, pas plus que quelque personne d'autorité, puisse avoir moins de connaissances que ses subordonnés.

C'était auparavant le cas, en caricaturant, lorsque le patron avait commencé comme apprenti, puis avait fait son compagnonnage avant de devenir maître de sa corporation. Alors, ses connaissances techniques étaient effectivement supérieures à celles de ses compagnons, et il pouvait comprendre leur travail, les y aider et les remplacer en mieux même. La santé d'un métier reposait ainsi sur ce que j'appelle les compétences techniques.

Que se passe-t-il aujourd'hui ? Les techniques évoluent tellement vite que chaque jour, ou presque, apparaissent de nouveaux moyens, rendant les précédents obsolètes parfois en quelques semaines seulement.

Rien d'étonnant dès lors que le patron ne puisse exactement connaître les outils que maîtrisent ses jeunes collaborateurs. Ce qui n'est d'ailleurs pas ce dont il a besoin.

« *Mon chef est un pantin* » ; « *On l'a mis dans un placard* » ; « *Mon chef ne sert à rien* »…

Que demande-t-on à un manager ? Au risque que ce soit une lapalissade, je dirais simplement : manager. Ce qui veut dire « organiser, diriger », ou encore « faire en sorte que les objectifs soient atteints ».

Pour cela, point n'est besoin de connaître la technique sous-jacente aux projets qu'il encadre, la manière dont sont fabriqués les produits qu'il commercialise ou dont il fait la promotion. Non. Par contre, il a besoin de ce que j'appelle les compétences relationnelles : savoir faire travailler ses collaborateurs ensemble et de manière harmonieuse ; savoir prendre les contacts nécessaires ; ménager les susceptibilités ; tisser un réseau de relations utiles…

De ce fait, nombre de managers apparaissent au premier abord comme simplement dénués de compétences, alors même que leur rôle est tout autre.

Tel ce monsieur qui parle de son chef, nommé par le comité de direction, comme d'un pantin. Oui, mais en creusant, on apprend que son chef dispose d'un très gros carnet d'adresses, qui lui permet de prendre les contacts nécessaires à la croissance de son entreprise. Incompétent ? Non, mais compétent autrement.

Compétences techniques et compétences relationnelles

Lorsque l'on démarre dans un emploi, ce sont les compétences techniques qui sont les plus importantes, et qui occupent le plus clair de votre temps.

Supposons que vous travaillez dans l'informatique, et que votre premier job consiste à écrire un programme. Au fur et à mesure que vous évoluerez dans la hiérarchie, les compétences techniques diminueront au profit des compétences relationnelles et d'organisation. Vous devrez manager des collaborateurs, tisser des relations pour signer des contrats, organiser des séminaires, écrire des rapports, faire des présentations... Autant de tâches qui nécessitent une compréhension de la technique, mais pas nécessairement un savoir-faire pratique. Or, la plupart du temps, lorsque l'on trouve son chef « *nul* », c'est justement sur ses compétences techniques que l'on porte son jugement.

Apprenez à considérer qu'il a un rôle à jouer. Sinon il ne serait pas là : aucune (ou peu) d'entreprise(s) n'est altruiste au point de payer fort cher un salarié qui ne sert à rien.

Dites-vous que son rôle n'est pas le vôtre, qu'on ne lui demande pas forcément d'avoir ces fameuses compétences techniques, mais plutôt de détenir un carnet d'adresses bien rempli, d'entretenir de bonnes relations avec ses clients potentiels, de faire apprécier la société auprès de ses partenaires, etc.

CHAPITRE 2

MON CHEF NE RÉPOND JAMAIS

Jean-Claude travaille dans la finance. Il vient de passer chef d'équipe. La conjoncture est un peu compliquée : ses collaborateurs viennent de la fusion de deux équipes. Suite à un plan social, il ne reste, trois mois plus tard, que deux personnes sur les douze que comptait précédemment l'équipe. Jean-Claude doit ensuite recruter pour compléter cette équipe.

Il reçoit de nombreux candidats, en retient quelques-uns et s'adresse au service des ressources humaines pour finaliser le processus de recrutement.

« *Vous comprenez*, me dit-il, *je dois absolument passer par mon PDG. Le recrutement doit suivre une procédure qui est la même pour tous, et c'est le big boss lui-même qui valide, ou non, le candidat retenu. Sauf qu'il ne valide rien du tout ! Il ne répond à rien. Je lui ai transmis les dossiers de mes candidats. Je l'appelle, je lui envoie des emails, un et encore un et encore un autre. Je lui ai fait un rapport des risques que nous courrions à fonctionner en effectifs réduits. Et… toujours rien !*

Il ne bouge pas. Pas moyen d'avoir une réponse. Et sans lui, je ne peux rien faire. Mes recrutements sont bloqués. »

Cette situation dans laquelle votre interlocuteur fait le mort est ô combien horripilante. Bien évidemment, vous êtes persuadé que son attitude est volontaire et dirigée contre vous ; que c'est à vous de tout faire pour résoudre le problème. Ce qui est vrai, au moins en partie, mais en partie seulement, car il s'agit en premier lieu de bien définir la problématique. Vous avez un travail à faire, des objectifs à atteindre. Cela est le premier paramètre de l'équation.

Le deuxième recouvre les moyens à votre disposition pour atteindre votre but : vos collaborateurs, les outils dont vous disposez, vos ressources…

Le troisième, le plus souvent ignoré, consiste à percevoir le contexte, l'environnement dans lequel vous travaillez, afin de mettre en lumière la faisabilité de votre tâche.

D'après mon expérience, la plupart s'arrêtent aux deux premiers paramètres, voire au premier seulement ; et vont ensuite tout tenter pour atteindre un but inatteignable. Inatteignable, car l'environnement ne permet pas de l'atteindre.

Si je reprends mon exemple, comment voulez-vous que qui que ce soit puisse effectuer le même travail (même qualité, mêmes délais), avec une équipe qui passe de douze personnes à trois ? Évidemment, ce n'est pas possible. Et au lieu de chercher envers et contre tout à réussir quelque chose d'impossible, il faut inclure ce paramètre supplémentaire : la réalité des choses fait que, temporairement, le temps d'augmenter mes effectifs, je ne pourrai pas fournir un travail équivalent. Bien évidemment encore, les managers que vous êtes vont me dire que ce n'est pas envisageable, que votre travail se doit d'être fait. Un point, c'est tout. Oui, mais à la condition que ce soit faisable.

Et nous rejoignons là l'intitulé de notre chapitre : comment faire lorsque votre hiérarchie ne répond rien ? Envisageons la même situation avec un chef qui vous écoute et qui vous suive. Alors vous pouvez procéder à vos recrutements et ne pas travailler en sous-effectifs. Vous lui faites part des risques encourus à n'avoir que des nouveaux, et il en accepte les conséquences. Dans ce cas, vous n'en parleriez même pas, et votre niveau de stress ne serait pas monté.

À l'inverse, vous vous dites que vos objectifs se doivent d'être atteints, sans autre forme de réflexion. Oui, mais, encore une fois, vous ignorez la réalité de la personnalité de votre chef, de son planning chargé de telle manière qu'il ne vous répondra pas, et ce, quoi que vous puissiez faire et dire.

Alors, une fois que vous avez tout tenté, à vous de considérer cette nouvelle équation : comment modifier mon travail en fonction de la nouvelle donne pour que je puisse cependant satisfaire, à peu près, mes clients ? Ce à quoi Jean-Claude me répond que les risques sont tels que ce n'est pas envisageable. Quels risques ? « *Eh bien, dans ce domaine financier qui est le mien, si je ne fais pas mon travail en temps et si je fournis des données approximatives à mes clients, ils risquent de perdre de l'argent, se retourner contre nous et cela nous obligera à leur verser des pénalités.* »

Et alors ? Réponse de Jean-Claude : « *Il s'agit de sommes énormes !* »

Et ? « *Oui, c'est arrivé une fois, nous avons versé 300 000 € à un client.* »

Et ? « *Le PDG n'était pas content, évidemment, il a pris note, et c'est tout. Oui, cela fait partie des risques inhérents à notre métier.* »

Peut-on l'anticiper ? Oui, le plus possible, en calculant les risques, mais pas totalement, et certainement pas dans le contexte qui est celui de Jean-Claude actuellement.

L'apprentissage par l'expérience et l'apprentissage par la compréhension

Si l'apprentissage correspond chez tous à la création d'une trace mnésique dans notre cerveau, les manières de la créer et de la consolider varient chez chacun. De l'apprentissage résultent des comportements qui deviennent progressivement inconscients et automatiques. Pour en arriver à cette étape de compétence inconsciente, nous utilisons des stratégies et des modes d'apprentissage différents. J'aime à en considérer deux, relativement exclusifs : l'apprentissage par l'expérience et l'apprentissage par la compréhension.

Le premier revient à dire que vous apprenez en tirant parti de vos expériences, bonnes (réussites) ou mauvaises (échecs), en vous fiant à vous-même et en faisant abstraction de ce que peuvent vous dire les autres. D'autres personnes ont en revanche plus besoin de la compréhension.

Visiblement, le patron de Jean-Claude est plutôt du premier type : vous aurez beau lui expliquer « noir sur blanc » ce qui se passe, tant qu'il n'y sera pas confronté, il ne bougera pas ; ou il lui faudra beaucoup de temps. À l'inverse, Jean-Claude est plutôt du premier type : il analyse tout pour éviter toutes les erreurs possibles. En expliquant son analyse à son chef sans tenir compte de la manière dont il fonctionne, il provoque une situation dans laquelle ils ne peuvent pas s'entendre.

Pour y parvenir, chacun a besoin de savoir que l'autre fonctionne différemment afin d'en tenir compte et d'y adapter son discours. Pour Jean-Claude, cela revient à s'appuyer sur les expériences passées afin d'en tirer des parallèles ; à insister sur les risques (mais pas en termes de calculs statistiques) inhérents à chaque dossier et à montrer le préjudice financier qui en résultera pour l'entreprise.

Il y a fort à parier qu'en appuyant sur les bons leviers, ceux qui lui correspondent, son chef finisse alors par lui répondre.

Voici un autre exemple dans lequel une assistante maternelle expliquait à la maman d'une petite fille de trois mois qu'elle devrait profiter des soldes d'été pour acheter des vêtements chauds à son bébé en prévision de l'hiver prochain. La maman ne répond rien, mais à la fin de l'automne, elle dit à l'assistante maternelle : « *Ma fille a froid, savez-vous où je peux lui trouver une combinaison d'hiver, le magasin où je me suis rendue n'en avait plus ?* » Cette maman apprend par l'expérience (et les exemples se sont répétés sur d'autres sujets), alors que l'assistante maternelle fonctionne plus par la compréhension et l'explication.

CHAPITRE 3

MON CHEF NE TIENT PAS COMPTE DE MOI : IL VOIT MAIS NE FAIT RIEN

Arnaud est manutentionnaire dans une entreprise de cosmétiques. Il a été embauché pour s'occuper de l'expédition de paquets. Il se trouve que la logistique de cette entreprise est défaillante et qu'il doit passer deux fois plus de temps que nécessaire. « *Je dois vérifier les bordereaux d'expédition et souvent les quantités sont mal renseignées (il est arrivé plusieurs fois que je trouve une même commande enregistrée en double). Mais comme je n'ai pas d'ordinateur, je ne peux pas moi-même réimprimer le bordereau de livraison. Ensuite, il faut que je cours à droite et à gauche, car le stock n'est pas géré, et les produits sont emmagasinés à différents endroits. Puis, je dois faire les paquets, et les affranchir. Tout cela sur un coin de table car il n'y a pas de place. Ensuite, je vais à la Poste. Chaque jour, je dois faire plusieurs allers-retours avec un diable quasi hors d'usage. Et je ne vous parle pas du reste : c'est moi qui suis allé voir les commerciales pour leur demander d'insérer un petit mot dans chaque commande. Au moins, c'est plus chaleureux, et on en profite pour promouvoir nos autres produits : elles n'y avaient pas pensé ! Tout cela pourrait facilement être optimisé. Mais en attendant, je n'ai le temps de déjeuner qu'en dix minutes sur le coin de mon bureau. Ça n'est pas rationnel.* »

Et c'est lorsque je demande s'il en a parlé à son chef que vient le « maître mot » : « *Non, bien sûr. Vous pensez bien qu'il est au courant : c'est mon chef. Forcément il sait tout ce qui se passe dans son affaire !* »

Bien évidemment ne peut en découler que de la frustration, de la colère, du ressentiment et une grande démotivation, car il est entendu que son chef se désintéresse de son travail et ne cherche qu'à l'exploiter.

Communiquer sur son travail et ses problèmes

Communiquer, encore ce maître mot. Et nous en reparlerons ultérieurement. Car, non, si vous ne dites rien, les autres ne savent pas ce que vous faites, ni ce qui vous pose problème. Certes votre chef est chef, mais si, justement, il n'est pas à votre poste, c'est qu'il a d'autres tâches à effectuer et qu'il vous fait confiance pour mener à bien celles qui sont de votre responsabilité. Alors s'il ne s'en mêle pas, c'est bien une preuve de confiance, non un désaveu et encore moins la preuve que ce que vous faites lui est égal ou de peu d'importance. Alors, allez-le trouver et exposez-lui vos problèmes : cela fait partie de ses responsabilités de chef, il est aussi là pour cela !

« *Oui, mais, je vais le déranger, et il a autre chose à faire !* » Non, car si vous développez du ressentiment, si vous n'êtes pas bien à votre poste, à tel point que vous envisagiez de le quitter, c'est bien de la responsabilité de votre chef. Car, oui, vous avez un travail à faire, mais il est impératif qu'il soit fait dans de bonnes conditions. Aussi, si ce n'est pas le cas, que vous rencontrez des problèmes, techniques, relationnels, voire personnels, vous devez en parler.

Et je ne connais aucun supérieur hiérarchique qui refuse d'écouter et de chercher avec vous des solutions. Bien au contraire ! Tous me disent : « *Nous sommes là pour cela. Et le temps, nous le trouverons. Car il est important de résoudre les problèmes avant qu'ils ne dégénèrent.* »

Alors prenez de bonnes résolutions, votre courage à deux mains, et allez frapper à sa porte lorsque vous en éprouvez le besoin.

INTERLUDE 1

Les rouages sous-jacents à nos comportements

Une femme de mes amis me parlait en ces termes d'une de ses collègues qui allait voir un de mes confrères : « *La pauvre, elle souffre tellement qu'elle a besoin de conseils pour diminuer sa douleur !* »

Comme c'est vrai ! Et comme la souffrance, au-delà du mal qu'elle assène à la personne qui la vit, peut être source de conflits de par les comportements inappropriés qu'elle peut engendrer.

La souffrance

Supposez que vous vous soyez cogné l'avant-bras et que vous ayez un bleu, et pire encore, qu'il vous fasse souffrir. Imaginez maintenant que vous preniez le bus aux heures de pointe et que quelqu'un vous bouscule, juste à l'endroit où vous avez mal. Vous allez naturellement pousser un cri de douleur. Éventuellement même, vous allez crier après la personne qui vous a heurté, voire le traiter de tous les noms. Dans le fond, ce pauvre homme, ou cette pauvre femme n'a pas fait grand-chose : il/elle a juste appuyé là où vous avez mal. Est-il/elle responsable de votre douleur ? Non, bien sûr. Avez-vous quelque chose contre lui ? Pas vraiment. Qu'il s'agisse de lui ou d'un autre, votre réaction aurait été la même, car votre comportement n'est pas réellement contre lui, mais plus par rapport à ce que vous ressentez, à votre souffrance interne.

La plupart de nos comportements inadéquats trouvent de même leur origine dans notre souffrance interne, morale ou psychologique. C'est bien elle qui nous fait agir ou réagir de manière inappropriée, avec agressivité, froideur, intolérance, égoïsme… Que diriez-vous face à quelqu'un en phase terminale de cancer qui vous parlerait d'une manière déplacée ? Quelle serait votre attitude à son égard ? Probablement de l'indulgence et de la tolérance, car vous comprendriez son origine.

Aussi, lorsque vous êtes blessé, lorsque vous vous sentez agressé, pas écouté, dénigré, rejeté, etc., ayez ce réflexe de penser que le comportement de votre interlocuteur, l'attitude qui vous fait souffrir, est le reflet de sa propre souffrance, qu'elle n'est pas dirigée contre vous personnellement. Changez alors le « *c'est contre moi* » en « *c'est par rapport à lui* », et pensez à lui comme à quelqu'un de malheureux et dites-vous « *le pauvre* ».

Cela vous évitera bien des blessures, bien des revers et vous évitera de vous lancer dans la spirale négative et destructrice par laquelle vous répondriez et envenimeriez la situation.

De même, lorsque vous vous surprenez à avoir eu une réaction déplacée, violente, ou agressive ; à exprimer de l'énervement, de l'agacement, de l'intolérance ou toute autre attitude négative, dites-vous que votre interlocuteur n'a été que la mauvaise personne au mauvais endroit et au mauvais moment. Cela vous évitera de développer du ressentiment à son égard et vous permettra d'avancer dans une direction plus confortable pour vous et les autres.

Il ne s'agit pas pour autant de dédouaner les autres des responsabilités qu'ils peuvent porter dans l'échec d'une relation, mais de les remettre à leur juste place.

Soi et les autres : resituer les responsabilités et les points de vue trop affirmés

Imaginez que vous me disiez « *J'aime le jaune* », et que je vous réponde « *mais, c'est moche le jaune. C'est une couleur affreuse. Les gens sensés aiment le bleu. Et seuls les gens qui n'ont aucun goût peuvent aimer le jaune.* ». Je sais que cet exemple est très caricatural, mais il a le mérite d'être parlant. Car que feriez-vous (évidemment pas sur ce sujet-là) si vous manquiez un peu de confiance en vous et si vous trouviez que je sois quelqu'un de valeur, quelqu'un dont la parole vous importe ? Vous vous diriez : « *Oui, elle a raison, et j'ai tort* ».

Reprenons mon exemple et décryptons-le. Vous m'avez donné votre opinion, bien comme il faut : sans provocation, sans agressivité, sans chercher à avoir raison et à me faire avoir tort, en exprimant juste ce que vous ressentez. Et qu'est-ce que j'ai fait ? Je n'ai pas su recevoir une opinion différente de la mienne, alors je vous ai répondu avec agressivité, en étant directive, tranchante et cassante. Pour le coup, vous avez du mal à recevoir ma parole, et vous risquez de mal répondre vous-même, et d'enclencher la spirale infernale qui conduit directement au conflit. Tout cela se terminerait d'une manière peu confortable pour nous deux et nous risquerions de penser « *Non, mais quel crétin* ! » ou « *Qu'est-ce que je suis nul !* » selon les positions et nos états d'esprit du moment. Si vous manquez un peu de confiance en vous, vous me créditeriez d'avoir raison et vous d'avoir tort et feriez reposer sur vous l'échec de notre communication. Et vous auriez tort !

Voyez le schéma suivant, qui récapitule mon propos :

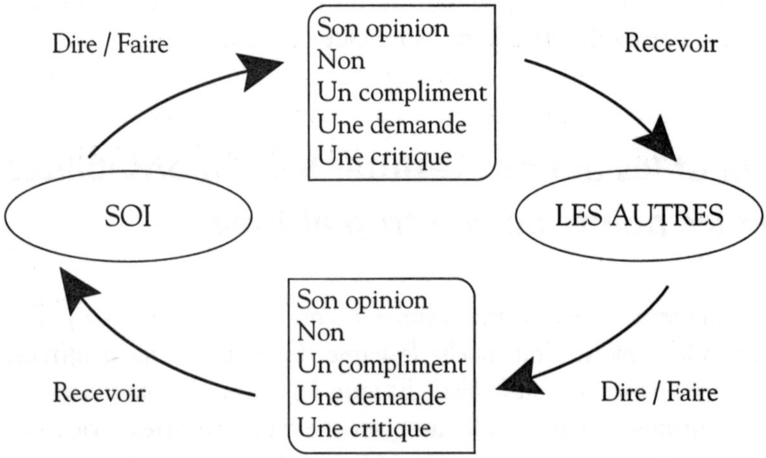

Dans une relation avec un tiers, il y a vous et il y a les autres. Vous qui dites des choses : vous dites votre opinion, vous exprimez un refus, une demande, un compliment ou une critique. Les autres qui vous tiennent également des propos que vous vous devez de recevoir.

Reprenons mon dialogue : « *J'aime bien le jaune* ». Si je reçois bien votre opinion, je vous répondrai quelque chose du genre « *Ah, vous trouvez que c'est une jolie couleur ; pour ma part, j'aime bien le bleu* », et cela pourrait continuer ainsi « *C'est lumineux, dans une pièce, ça égaie, par exemple d'avoir des rideaux jaunes* »...

Chacun expose son point de vue, sans chercher à convaincre l'autre, simplement en disant ce qu'il pense. Et là, chacun réfléchit à ce qu'a dit l'autre, rebondit sur sa parole et, peut-être, en tiendra compte pour faire évoluer son opinion. Vous dites bien les choses (sans provocation, ni agressivité), je les reçois bien, et vous réponds également bien.

Par contre, dans le premier cas, vous aviez dit les choses comme il faut et je ne les avais pas bien reçues. En retour, j'avais mal réagi (mal « dit ») et vous n'aviez alors aucune raison de bien recevoir mon propos.

Ce petit schéma a juste pour but de vous montrer comment vous pouvez resituer simplement les responsabilités : en regardant si votre interlocuteur réagit « de travers », c'est que c'est lui qui « a un problème ». L'échec de la relation vient de lui, et pas de vous.

Cela ne résout pas tout, mais vous permet de vous sentir plus serein et de ne pas partir dans des interprétations qui ne seraient pas le reflet de la réalité.

Les interprétations

Se mettre dans la tête de l'autre et imaginer ce qu'il peut penser est monnaie courante. Tomber juste est plus rare ! Tous nous interprétons les attitudes de nos concitoyens en considérant ce que cela voudrait dire si nous-mêmes nous comportions ainsi. Ce faisant, nous oublions que la vie des autres n'est pas la nôtre, qu'ils ont d'autres expériences et d'autres valeurs.

Jean est content de raconter à ses amis les activités qu'il a menées durant son week-end. Curieux de tout, il connaît la capitale comme sa poche, explorant expositions et petits restos, tout en pratiquant plusieurs sports, organisant des dîners, apprenant la danse, la peinture et chantant dans une chorale. Certains le taxent d'hyperactivité. Pourquoi ? Car eux ne sauraient faire autant de choses sans perdre pied : ils interprètent son comportement à l'aune de ce que cela voudrait dire si eux avaient le même. Pour d'autres, ce sera de la dispersion : cela en serait pour eux, qui ne pourraient aller au fond des choses en menant autant d'activités de front. D'autres encore lui reprochent de faire étalage de ses réussites : pour eux prendre plaisir à raconter ce qu'il a aimé serait effectivement de la vantardise. Alors que pour Jean, faire tout cela est indispensable à son équilibre : sans pouvoir satisfaire sa curiosité, il s'étiolerait. Ce n'est pas de la dispersion car il va au bout de ce qu'il entreprend, ni de la vantardise car il ne cherche qu'à partager sa joie avec ses amis.

La clef est simplement que nous menions tous la vie qui nous correspond, sans chercher à la faire vivre aux autres. Ne tombons pas dans des interprétations qui s'avèrent fausses la plupart du temps et qui nous conduisent en retour à développer des comportements et des attitudes déplacés et à tenir des propos blessants et mal formulés.

Les mauvaises formulations

Nombre de fois nous mettons-nous en colère car nous prenons la mouche des propos de nos interlocuteurs.

Telle Claudine qui projette de faire un aller-retour à Londres pour dire bonjour à un collègue américain avec qui elle travaille quotidiennement et qu'elle n'a jamais vu. Elle s'offusque de ce que lui dit sa sœur : « *C'est complètement crétin, et tu ne peux vraiment pas penser faire une chose pareille !* ». Nous sommes bien d'accord que ce ne sont pas des paroles très agréables à entendre. Mais, dans le fond, nous pouvons bien penser que sa sœur est bien intentionnée et qu'elle tient à Claudine. Alors ? Fait-elle exprès de dire des choses méchantes pour la blesser ? Non, certainement non. En fait, elle est en train de dire, avec toute l'émotion que cela suscite en elle, et la maladresse qui en résulte : « *Moi à ta place, je serais bien incapable d'envisager une chose pareille, et je ne le ferai donc pas.* »

Gardez présent à l'esprit que les gens réagissent avec leurs émotions et leurs valeurs et qu'à chaud leurs propos sont souvent, pour ne pas dire toujours, mal formulés. Souvenez-vous ainsi que s'ils vous blessent, ce n'est pas intentionnellement, et qu'au fond, ils tiennent à vous.

Comprendre les rouages qui nous font agir, souvent dans le mauvais sens, nous permet de prendre du recul par rapport aux situations qui nous blessent. Ainsi, nous développons de la compréhension à l'égard de nos interlocuteurs et devenons capables d'indulgence et de tolérance. Nos propres attitudes et comportements sont alors plus adéquats et nos relations plus agréables.

Pour avancer

Ce que nous venons de dire pourrait finalement se résumer en une phrase : les émotions négatives sont à l'origine des comportements inappropriés de chacun d'entre nous. Nous devons donc, pour avancer, tenir compte du fait qu'il y a et qu'il y aura toujours des circonstances dans lesquelles nos attitudes ne nous satisferont pas ; qu'elles résultent des émotions négatives que nous vivons à ces moments précis.

Ainsi, la première étape pour avancer est-elle d'accepter cela et de développer de l'indulgence à l'égard de nous-même et des autres. De l'indulgence qui est bien le reflet de la compréhension des mécanismes qui nous font mal agir. Une fois cela fait, nous sommes ainsi plus sereins, et nous pouvons réfléchir aux explications qui ont conduit à nous faire souffrir.

Supposons que votre chef fasse une présentation à votre place. Une fois que vous aurez accepté que c'est plus par rapport à lui que contre vous, essayez de vous mettre à sa place pour trouver ce qui a pu le pousser à agir ainsi. Allez ensuite le trouver, calmement (rappelez-vous, vous n'êtes plus en colère), à un moment propice et dites-lui simplement que vous avez eu le sentiment qu'il vous « court-circuitait », et que vous aviez eu du mal à comprendre, qu'il y avait une explication que vous souhaitiez connaître.

La communication est souvent mise en avant comme insuffisante. Aussi dites-vous bien que vous pouvez tout dire, à condition de le dire de la bonne manière, et en ayant pour but, non pas de faire des reproches, mais de trouver des solutions pour faire en sorte que la situation ne dégénère pas et ne se reproduise pas. Gardez à l'esprit que vous souhaitez progresser et que vous n'en voulez pas à votre interlocuteur. C'est la définition même d'une bonne critique : justifiée, argumentée, faite posément pour avancer et trouver des solutions.

Enfin, vous pouvez également vous dire que tout cela représente une certaine énergie que vous pourriez utiliser à de meilleures fins : en effet, puisque vous savez que votre chef n'a pas sciemment (dans le but machiavélique de vous nuire) eu ce comportement, mais que c'est le reflet de son mal-être du moment, qu'il y a des explications autres que le scénario catastrophe qui vous est venu spontanément à l'esprit, et que c'est plus par rapport à lui et sa personnalité que dirigé contre vous, quel intérêt alors de dépenser encore de l'énergie à aller lui parler ? La réponse est simple : faites-le si vous en ressentez le besoin. Sinon, abstenez–vous-en.

Comme vous pouvez, une fois connu, compris et assimilé tout ce processus, en faire abstraction, et vous en tenir aux faits.

Cela veut dire de rester purement descriptif et factuel. Au lieu de vous dire « *Mon chef ne m'a pas dit bonjour aujourd'hui* », et de démarrer la spirale infernale (« *il est malpoli, il me manque de respect, il a fait exprès de détourner son regard en m'apercevant de loin, il y a un plan social, donc il veut me virer* »), dites-vous simplement : « *Je viens de croiser mon chef* », ce qui n'entraîne aucune interprétation, et aucune émotion désagréable.

Mais attention à votre formulation ! À la place de cela, ne vous dites pas « *mon chef ne m'a pas salué* », qui vous ferait instantanément dériver et rajouter « *oui, mais s'il ne me dit pas bonjour, c'est que bla bla bla* ».

Pour arrêter le train des pensées négatives et des interprétations déplacées, vous pouvez également les regarder passer, sans leur donner de prise. Je m'explique. Lorsque vous allez au cinéma, vous ne pouvez échapper aux publicités, et vous devez donc les regarder. Mais est-ce pour autant que vous leur accordez beaucoup d'importance, que vous croyez ce qu'elles disent et que vous achèterez le produit qu'elles prônent ? L'idée est identique pour les pensées qui vous traversent l'esprit : laissez-les passer, regardez-les, et n'en faites rien de plus.

Vous pouvez aussi vous décentrer d'elles en vous forçant à concentrer votre attention sur un aspect précis de votre environnement : le papier peint duquel vous suivez les contours des dessins, la trame du bois de votre bureau, les sinuosités de la cravate de votre interlocuteur… Petit exercice qui ne laisse de place pour aucune pensée parasite, qui vous permet de passer à autre chose et de devenir plus serein.

CHAPITRE 4

Je suis nul

Corinne travaille comme assistante de direction dans une société de production. Elle n'a pas été formée à ce métier, mais l'a accepté, ayant besoin de travailler. Elle possède toutes les compétences nécessaires, sinon elle n'aurait pas été recrutée. Elle n'est cependant pas à l'aise dans son poste : « *Je suis complètement nulle ; on me demande la capitale de l'Estonie, et je n'en ai pas la moindre idée. C'est vrai, j'ai toujours été nulle en géographie. Et en orthographe, je vérifie dix fois ce que j'ai écrit. Malgré tout, il reste encore des fautes. Et mon chef me reproche de ne pas travailler assez vite.* »

Je comprends son profond sentiment de détresse. Mais est-elle si « *nulle* » qu'elle le dit ? Non, certainement pas. Car j'avouerais également que je ne connais pas la capitale de l'Estonie. Ce qui n'est pas important en soi. Car si j'en ai besoin, je sais comment faire pour trouver la réponse ; ce qu'a fait Corinne. De même pour ses fautes d'orthographe : qui, aujourd'hui, n'en fait pas ? Combien de fois les gens que je reçois me tiennent-ils ce discours : « *depuis qu'il y a des ordinateurs, je fais des fautes partout. Avant, avec un papier et un crayon, je n'en faisais pas.* » Tout le monde fait donc des fautes… qui sont corrigées automatiquement par le correcteur automatique. Alors ? Alors Corinne focalise sur ce qu'elle pense devoir être ses compétences, et ne voit pas qu'elle fait cependant bien son travail. Cela lui demande beaucoup d'énergie, trop, mais elle le fait bien. Quant à la critique de son chef lui disant qu'elle est trop lente (remarquons qu'elle ne l'a d'ailleurs pas critiquée sur son orthographe), il s'agissait là de traiter un dossier qui nécessitait d'obtenir des réponses de la part d'autres personnes dans la société et son chef l'ignorait. Alors elle disait juste à Corinne « *traite ce dossier* », pensant que cela n'impliquait que peu de travail. Une fois que Corinne lui eut dit que pour répondre, il lui fallait les réponses de cinq autres personnes, qui, évidemment, ne prenaient pas le temps de le faire, son chef comprit très bien la situation.

Alors ? Ne jamais perdre de vue l'objectif du travail que vous avez à faire.

Autre exemple. Clément doit négocier un contrat lors d'un déjeuner d'affaires. Il est mal à l'aise car il pressent l'enjeu, et il sait aussi qu'il n'aime pas les endroits clos, où il se sent oppressé. Il anticipe ces moments persuadé qu'il va trembler de la tête aux pieds. « *Vous savez, je me sens vraiment nul, car si on me demande de passer le sel, je vais trembler comme une feuille, et si je ne le passe pas, je passe pour une andouille ou un malpoli.* »

Lorsque je le revois après son rendez-vous, je lui demande comment cela s'est passé. « *Je le savais que je n'assurerai pas. Ça a été épouvantable. J'ai tremblé du début à la fin. Tellement que je n'arrivais pas à porter ma fourchette à la bouche, et que j'étais obligé de la reposer sans avoir mangé.* »

Je suis effectivement d'accord qu'il a dû passer un très mauvais moment. Mais, en lui posant la question : « *Et alors, votre contrat, vos sept millions d'euros* », la réponse est venue, sur le ton de l'incompréhension que je puisse même en parler « *Oh, ils sont dans ma poche !* »

J'aime bien cet exemple, car il illustre parfaitement l'idée que nous oublions que nous avons un objectif à atteindre, au profit de ce que nous ressentons. La réalité est ainsi occultée, nous faisant dire et penser que nous sommes effectivement nuls, ou pas à la hauteur des espoirs qui ont été placés en nous.

Mettre en lumière le but que vous avez à atteindre – et plus important encore, que bon an, mal an vous l'atteignez –, vous permettra de diminuer le sentiment d'échec que vous ressentez alors.

Mettre en balance sentiment personnel et résultat

Toute situation donnée peut se décrire de deux façons : en terme de résultat et en terme de sentiments ; le côté rationnel et matériel, le côté émotionnel.

On peut séparer artificiellement, car les deux sont liés, l'objectif de la situation et ce que vous ressentez.

Le but du jeu est d'aller d'un point A à un point B, et ce, quel que soit le chemin que vous preniez : le chemin des écoliers (en faisant une étape), ou le chemin le plus court (en allant directement et le plus vite possible). Quoi qu'il en soit, vous finirez par arriver.

Par exemple, le but du jeu à l'école est de passer dans la classe suivante. Pour cela, il suffit d'avoir (en théorie du moins), dix sur vingt. Alors, l'objectif est atteint. Oui, mais. Oui, mais, ce n'est pas satisfaisant. Oui, mais ce n'est pas suffisant. Oui, mais avez-vous atteint votre objectif ?

D'expérience, je peux vous dire que l'objectif (défini ainsi, c'est-à-dire purement matériel, minimal et sans connotation de valeur) est atteint dans la plupart des cas ; sauf que s'y mélange un bémol : les fameux « *oui, mais* ».

Ces bémols peuvent se décliner en : « *Je dois y arriver, le plus vite possible.* » ; « *Je dois passer dans la classe du dessus avec les meilleures notes possibles.* », etc.

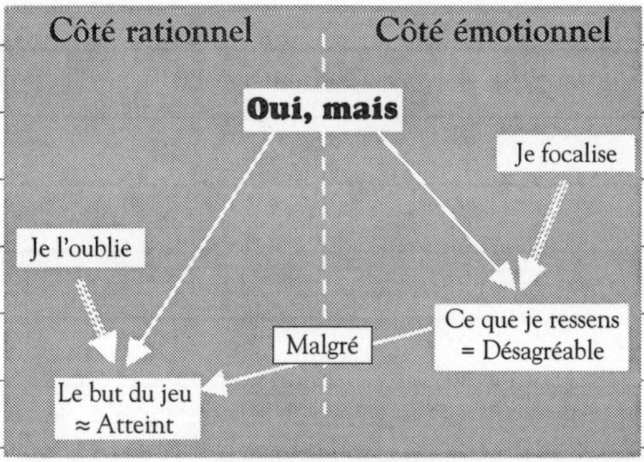

Pour être complet, il faut donc rajouter à l'objectif ce que nous ressentons : le qualificatif. Souvent, ce que nous ressentons est, au minimum, désagréable. Évidemment, nous sommes d'accord que dans la réalité les deux se mélangent ; sauf que nous focalisons sur ce que nous ressentons, ce qui est très normal, mais, ce faisant, nous perdons alors l'objectif de vue.

Prenez ainsi conscience que, dans la majorité des cas, même si ce n'est pas ce que vous avez ressenti, et malgré les difficultés que vous avez rencontrées, le temps que cela vous a pris, l'énergie que cela vous a demandé, vous avez atteint votre objectif. Alors, ayant atteint votre objectif, vous pouvez considérer le chemin parcouru, vous remettre efficacement en question et profiter du chemin que vous suivez.

CHAPITRE 5

MON TRAVAIL NE VA JAMAIS

Jeanne travaille pour une chambre de commerce et d'industrie qui a décidé de décerner un prix à une entreprise régionale. Son chef demande à Jeanne de faire une enquête sur les vingt entreprises qu'ils ont retenues et de remettre son étude sous quinze jours. Ancienne journaliste, Jeanne commence son travail et se rend compte que c'est impossible en si peu de temps : « *j'ai trouvé de nombreuses informations sur Internet, mais il me faut vérifier les sources, en téléphonant à droite à gauche, et ensuite en recoupant les données. Il n'y aurait que cinq cas à étudier, je pourrais le faire, et encore. Mais vingt. En plus mettre dans la même catégorie des PME et des gros groupes industriels, je trouve cela aberrant. Alors je suis allée trouver mon boss et je lui ai dit ce qu'il en était. C'est là qu'il m'a dit que mon travail n'allait jamais, que je ne faisais pas ce qu'on attendait de moi. J'avoue que je ne comprends pas. Il n'y a pourtant pas d'alternative !* »

Et bien si !

Replaçons les choses dans leur contexte. La CCI souhaite décerner un prix à une entreprise. Pour cela elle organisera une soirée à laquelle seront conviés tous les patrons de la région, des banques, des conseillers, voire des ministres. Quel est le vrai but ? Donner un prix, ou permettre aux patrons de se rencontrer et de nouer des contacts intéressants ? Nouer de nouveaux contacts sous couvert d'une réception qui n'est en fait qu'un prétexte.

En ce sens, il n'est pas nécessaire de mener une étude poussée des caractéristiques de chacune des entreprises. Il n'était besoin que de quelques informations sommaires pour permettre de dégager un lauréat. Ce à quoi Jeanne n'avait pas pensé.

Hugo réalise des études techniques pour permettre aux entreprises d'accéder à la certification ISO9002. Un jour, son PDG lui demande un rapport sur l'entreprise sur laquelle il travaille, afin de le présenter au comité de direction. Hugo fait de son mieux, et remet sa copie à son directeur. La semaine suivante, son patron lui dit « *votre dossier est parfait, mais beaucoup trop technique. Au comité de direction, ce ne sont pas des techniciens. Alors je vous demande de reprendre votre rapport et de remplacer les mots techniques qu'ils ne pourront pas comprendre par un vocabulaire plus courant et compréhensible par tous.* » Sur le coup, Hugo le prend mal, persuadé que son travail ne pouvait pas être amélioré. « *Ça ne va jamais, j'ai pris grand soi de mettre le bon mot où il fallait. Jamais je n'ai passé autant de temps sur un dossier. J'avais fait de mon mieux justement parce que je savais que mon boss devait le présenter. Et ça ne va encore pas !* »

Ça ne va pas pour une raison simple, c'est qu'Hugo a oublié un paramètre dans son équation : les caractéristiques des lecteurs de son rapport. Il a raisonné par rapport à lui, en concevant ce que serait pour lui le rapport parfait. Et il l'a réalisé. Tellement bien qu'il ne sait plus maintenant quoi faire pour l'améliorer.

C'est là le point commun entre Jeanne et Hugo : l'un comme l'autre ont pris comme référence leur personnalité, avec leurs expériences et leurs valeurs. Ce faisant, ils se sont trompés de but, et n'ont pas répondu à la demande qui leur était faite.

Il faut ainsi systématiquement se poser la question de l'objectif du travail qui vous est demandé.

Mes valeurs et celles de l'entreprise

Souvent les gens estiment avoir raison dans une situation donnée. Ce faisant, ils ne font rien d'autre que d'exprimer ce qui leur tient à cœur dans la circonstance. En somme, ils manifestent une valeur qui est la leur, mais pas forcément celle de leur interlocuteur.

Je rencontre souvent des gens qui me disent ne pas comprendre comment on peut se comporter de telle ou telle manière. Ils font exactement la même chose : ils appliquent leurs principes aux autres et ne comprennent pas que les autres ne les utilisent pas. Alors qu'en fait il n'y a rien à comprendre. Juste à accepter que les autres soient différents.

Faites-en l'expérience. Replongez-vous dans une situation dans laquelle vous avez eu le sentiment d'avoir raison, et que les autres avaient tort. Et cherchez maintenant quelle valeur vous caractérisait et caractérisait votre interlocuteur du moment. Vous vous rendrez alors compte que ni vous ni lui n'aviez raison, mais que, tous les deux, vous aviez raison en fonction de votre propre système de valeurs.

Chaque entreprise véhicule des valeurs qui lui sont propres, qui sont le reflet de la ligne de conduite de son dirigeant. Combien de commerces dont le patron est acariâtre ont des vendeurs désagréables ! Alors que, pour d'autres, le patron a su donner une dynamique conviviale et agréable.

Il en va de même des petites et grandes entreprises : tel patron privilégiera toujours le côté social de ses collaborateurs, même si cela lui occasionne des frais supplémentaires, alors que tel autre rognera sur les salaires, offrant plus spontanément le SMIC qu'un salaire plus élevé, quand bien même son entreprise fait de gros bénéfices. Nous rejoignons ici la problématique de la « règle du jeu » que je détaillerai dans le chapitre 24.

Cependant cela revient à dire que lorsque vous signez votre contrat, vous acceptez les valeurs de l'entreprise qui vous embauche, ainsi que sa culture, en connaissance de cause. Cela implique que si vous êtes recruté à bas salaire, dans une entreprise florissante, et que vous l'acceptez, vous savez également que votre patron sera spontanément plus économe et moins généreux, et que cela s'en ressentira dans tous les domaines (fournitures, mobilier, etc.).

C'est ce que me disait Sandrine (diplômée d'une école de commerce et embauchée à un peu plus du SMIC) de son patron : il n'achète que du mobilier très bon marché, et les chaises nous font mal au dos, il compte le nombre de stylos auquel nous avons droit et il n'est pas rare de le voir reprendre du papier dans nos poubelles pour en faire du brouillon.

Sans porter de jugement, je dis simplement « *c'est ainsi, c'est un fait* » : vous faites avec en le sachant, vous jouez le jeu en en acceptant la règle, ou pas.

Enfin, sachez que, pour votre bien-être personnel, plus de la moitié des valeurs que vous considérez comme importantes se doivent d'être satisfaites. Si ce n'est pas le cas, vous devez envisager de rééquilibrer votre vie pour y parvenir.

CHAPITRE 6

Je suis submergé de travail

Jean travaille pour un groupe industriel, et il vient de rejoindre l'équipe des études de marché. Un jour, son chef, avec qui il s'entend bien, lui demande un travail et il répond qu'il est submergé, qu'il ne pourra donc pas le faire. Son chef s'étonne, car elle ne lui a pas donné des dossiers tels qu'il n'ait pas le temps de les traiter. « *Non, c'est vrai, mais le directeur du marketing m'a demandé de faire une étude pour lui, également le directeur commercial et le directeur général adjoint. Alors tu comprends bien que c'était prioritaire.* » Et son chef de lui dire qu'il n'avait donc qu'à se débrouiller, mais qu'elle voulait que le dossier qu'elle venait de lui donner soit fait « *en temps et heure !* »

Que se passe-t-il en fait ? Son chef a ensuite pris le temps de l'expliquer calmement à Jean : hiéra chiquement, Jean dépend d'Isabelle, de qui il doit prendre son travail. En théorie, chaque étude, faite par un service extérieur, doit donc passer par elle, qui valide ou non cette demande. En passant directement par Jean, les directeurs obtiennent systématiquement gain de cause car ils ont compris que Jean, par ailleurs récemment arrivé, ne refuserait pas afin d'obtenir leurs bonnes grâces. Sauf que son travail « régulier » ne peut plus être fait. Jean aurait ainsi dû en référer à Isabelle, qui aurait statué sur le bien-fondé des demandes qui lui étaient adressées. En effet, le rôle du n+1 est aussi de trancher parmi les priorités.

Supposez que deux demandes urgentes et prioritaires vous soient adressées par deux n+2. Comment trancher ? Comment savoir si vous devez ou non vous en occuper, en plus de votre travail courant ? En allant voir votre chef et en voyant avec lui : car il a accès, de par sa position hiérarchique, à des informations (notamment sur l'importance des dossiers) auxquelles vous n'avez pas accès. Cela permet alors de faire le tri dans les tâches qui vous sont assignées.

Une autre manière revient à augmenter le délai d'exécution de votre travail, de façon à ne pas devoir tout faire dans l'urgence.

Délais et non refus du travail

Il est toujours difficile, voire impossible parfois, de refuser un travail qui vous est demandé. Cela est source de frustration, de colère et de ressentiment. Car, à force de tout accepter, vous vous trouvez submergé et ne pouvez plus travailler efficacement.

Un moyen simple consiste à systématiquement surévaluer votre charge de travail : une tâche vous demande-t-elle une heure ? Annoncez que vous en avez besoin de deux. Ce dossier vous demande-t-il huit jours de travail ? Prévoyez deux semaines...

Premier effet : lorsque vous dites à quelqu'un que vous voulez bien faire ce qu'il vous demande « *mais non, pour cette après-midi, c'est impossible, mais pour demain si tu veux* », souvent il repartira et cherchera un autre moyen.

Deuxième effet, cela vous donne une marge de manœuvre, car, à peu près tous, lorsque nous planifions notre emploi du temps, nous avons tendance à n'estimer que les tâches proprement dites que nous avons à terminer. Sans tenir compte des aléas, des imprévus, des demandes supplémentaires... Ainsi, rajoutez toujours une place pour l'aléatoire, et gonflez systématiquement vos délais : vous n'en serez que plus serein et en tirerez un meilleur confort de travail.

(INTERLUDE 2)

Pour une vision constructive

Un grand patron d'industrie me demandait récemment si je pensais qu'il était possible d'organiser des séminaires permettant d'atteindre le bonheur au travail.

S'il s'agit d'aider les salariés à prétendre être heureux cent pour cent de leur temps, la réponse est bien évidemment « non ».

Si, en revanche, il s'agit de les aider à atteindre leur équilibre, à être bien dans leur tête et dans leur peau et aller bien, alors, oui, cela est possible. Car nous savons bien qu'il existe des moments où nous sommes bien, et des moments de difficultés, de contrariétés, où nous ne sommes pas bien. Des moments qui font partie de la vie, et que nous ne pouvons pas supprimer, mais que nous pouvons gérer et surmonter, qui ne nous abattent pas car nous savons que nous avons les capacités d'y faire face.

Le négatif fait partie de la vie

Soyons réalistes : les moments difficiles, négatifs, font partie de la vie. Vouloir les supprimer n'est, d'une part, pas possible, et d'autre part pas cohérent. Il faut savoir les accepter, non pas passivement, mais en ayant conscience de notre capacité à y faire face, à les gérer et à les questionner pour éviter qu'ils ne se reproduisent trop ou trop souvent.

Imaginerions-nous possible de traverser la vie sans blessures (physiques) d'aucune sorte : ni contusion, ni rhume, ni grippe, ni membre cassé… ?

De même, il est impensable et impossible que notre mental reste positif en permanence. De ce fait, nous sommes sujets à des moments plus ou moins difficiles, qui finissent, la plupart du temps et chez la plupart d'entre nous, par disparaître. Accepter que la vie ne soit pas rose en permanence est indispensable à construire une vie plus harmonieuse. Cela ne veut en aucun cas dire qu'il faut rester passif devant les difficultés, mais, plutôt que de se laisser démoraliser, mettre tout en œuvre pour les faire disparaître et éviter qu'elles ne se reproduisent.

Nous avons tous, plus ou moins, cette capacité intrinsèque à faire face et à rebondir. Aussi prenons-en conscience et appuyons-nous sur nos expériences passées pour être constructif et changer notre futur.

L'expérience : capitaliser sur les échecs et sur les réussites

« *Errare humanum est, perseverare diabolicum.* » : nous savons tous que les erreurs, les échecs sont et seront toujours là. Pourtant ils continuent de nous abattre. Alors que l'apprentissage par essais-erreurs, l'expérience en somme, est l'un des modes d'apprentissage les plus fondamentaux. Nous faisons un essai, nous rendons compte que ce n'est pas approprié, recherchons une autre solution, jusqu'à ce que l'objectif soit atteint. C'est ce qui se passe lorsqu'un bébé essaie par exemple de marcher : il met son poids d'un côté, tombe, le met de l'autre, bascule… jusqu'à ce qu'il ait réussi à équilibrer son centre de gravité, et qu'il marche.

Cela revient à dire que nous ne pouvons avancer qu'en tirant parti de nos erreurs et que nos erreurs sont fondamentales, car elles sont le signe que nous essayons de progresser, que nous expérimentons de nouvelles choses, et que nous ne restons pas figés.

Alors, au lieu de vous dire « *je suis nul, je n'ai pas réussi* », dites-vous plutôt quelque chose du genre : « *bon, d'accord, je n'ai pas réussi, mais maintenant, je vais tout mettre en œuvre pour que cela ne se reproduise pas* ». Ce faisant, vous acceptez que le négatif fasse partie de votre vie, vous ne vous dévalorisez pas, ni ne culpabilisez et, surtout, vous êtes constructif et avancez dans la bonne direction.

Prenez alors un peu de temps, et demandez-vous, concernant l'échec que vous avez vécu, comment vous auriez pu l'éviter, comment vous auriez souhaité agir, ce que vous auriez voulu et pu dire, quelle attitude vous auriez aimé montrer. Revivez ainsi cette situation en en changeant le déroulement, jusqu'à atteindre votre but. De ce fait, vous vous préparez à mieux affronter les prochaines circonstances similaires, et vous étant en quelque sorte préprogrammé, vous serez ainsi plus apte à mieux réagir dans l'avenir.

Il ne faut cependant pas que vos échecs vous empêchent de voir vos réussites. Si vous êtes arrivé là où vous êtes aujourd'hui, c'est que vous avez su faire montre des capacités et du savoir-faire nécessaires. Souvent cette prise de conscience ne se fait qu'à l'occasion de la rédaction d'un CV. Mais alors il s'agit de ce que j'appelle le costume de cérémonie : nous dressons une liste de nos expériences, éventuellement en portant en regard les compétences qu'elles ont requises. Mais les avons-nous réellement intériorisées ? Souvent les gens que je reçois et qui me montrent leur CV me disent qu'en fait ils ont cherché à « faire bien », en utilisant les mots de circonstances, mais qu'ils ne s'y reconnaissent pas vraiment (d'où le costume de cérémonie).

À la question « *comment telle ou telle compétence, nécessaire dans la tenue de votre poste, s'est-elle manifestée ?* », j'obtiens la plupart du temps un blanc ou au mieux la réponse : « *je dois bien l'avoir puisque je faisais bien mon boulot, mais je ne saurais pas vous en dire plus* ».

Ce dont il est important de prendre conscience, ce sont tous les moments, toutes les circonstances précises, tous les exemples dans lesquels vous avez mis en œuvre telle compétence. Pour ce faire, j'aime bien l'exercice qui consiste à faire une liste de tout ce que vous avez fait dans votre vie (oui, depuis votre petite enfance), tous les projets que vous avez eus (même ceux qui n'ont pas abouti), toutes les activités que vous avez menées, même extraprofessionnelles, toutes les réussites que vous avez eues, tous les travaux que vous avez menés à bien... Pas de manière générale (« *j'ai été chargé de ressources humaines chez XX* »), mais très précisément, jour après jour, exemple après exemple (« *j'ai réussi à trouver une solution pour un cas de licenciement complexe* »). En regard de chaque situation, notez alors la ou les compétence(s) que vous avez mise(s) en œuvre.

Encore une fois, qu'il s'agisse de votre vie privée ou professionnelle : vous avez eu telle idée d'organiser une régate, mais cela ne s'est pas concrétisé faute de sponsors ? Initiative et esprit d'entreprise.

Vous faites partie d'un club de littérature hispanique ? Curiosité et esprit de groupe. Et cætera.

Faites de même chaque jour : repenchez-vous sur votre journée et mettez en lumière vos réussites et vos compétences. À force de pratique, ce deviendra automatique et vous aurez changé votre manière d'appréhender la réalité.

Voir le positif

Nous ne voyons pas le positif de nos vies aussi facilement que nous en percevons le négatif ; d'une part car nous n'en avons pas l'habitude et d'autre part car cela revêt un petit côté content ou imbu de soi.

En réalité, il ne s'agit que d'être réaliste et de voir tous les bons côtés que nous réserve une journée. Un québécois me disait hier combien « *les Français râlent tout le temps. Au Québec, peut-être sommes-nous moins intellos, mais nous sommes plus positifs* ».

C'est vrai que nous savons bien nous plaindre. Mais il n'est pas si difficile de développer une attitude plus positive, plus réaliste et surtout plus confortable. Prenez ainsi l'habitude, chaque jour, de chercher au moins cinq faits positifs qui vous sont arrivés : des petits faits et pas de grandes choses. Il ne s'agit pas d'attendre d'acheter un château pour que votre journée soit belle, car sinon toutes celles qui précèdent restent moroses. Non, voici des exemples de petites choses agréables : manger un croissant, entendre un oiseau à la fenêtre de votre bureau, avoir le sourire d'un collègue, mettre moins de temps dans les transports qu'habituellement…

Ce n'est pas si anodin : car si vous pratiquez cet exercice quotidiennement, au bout de quelques semaines, vous aurez en quelque sorte appris à votre cerveau à percevoir ces petits « bons moments », cela se fera alors automatiquement et vous aurez ainsi changé votre état d'esprit.

Focalisez sur vos difficultés vous permettra de développer une manière d'être et un état d'esprit par lequel vous anticiperez le futur de manière constructive. Les mettre en parallèle avec vos réussites vous conduira à trouver des solutions aux problèmes lorsqu'ils surviennent, afin de profiter du moment présent et de construire un futur agréable. Enfin, voir toutes les bonnes choses de votre journée, sans occulter les mauvais moments, vous permettra d'être plus serein et plus en phase avec la réalité.

CHAPITRE 7

MES COLLABORATEURS SONT NULS

Guillaume est financier dans une banque. Il dirige une équipe de quinze personnes. L'un de ses collaborateurs travaille sur un plan de finance qui devra être présenté au comité de direction. Guillaume le relit une première fois, trouve une erreur de cohérence et le signale à son collaborateur. Il reprend une seconde fois le projet, trouve une autre erreur similaire. « C'*est invraisemblable. Il n'est pas fichu de faire une addition correctement. À deux endroits différents, il ne donne pas le même résultat, pour la même opération. Vraiment on ne peut compter sur personne, Il a fallu que je reprenne moi-même son travail avant d'aller le présenter. Ils sont vraiment incompétents.* »

À l'idée d'aider son collaborateur à progresser, Guillaume me rétorque au contraire : « *Je ne suis pas maîtresse d'école, et ce n'est pas à moi de leur taper sur les doigts. J'ai d'autres chats à fouetter que de leur apprendre leur métier. Ils sont compétents et tout va bien ; ils ne le sont pas et tant pis pour eux. En plus, ce n'est pas très malin de ne pas penser à vérifier son travail avant de le remettre.* »

En fait, Guillaume le dit à demi-mots, pour lui une remarque revient à faire des remontrances, des reproches (« *taper sur les doigts* »), et il n'est pas du tout à l'aise dans ce rôle, pas plus d'ailleurs dans celui qui consisterait à leur faire des compliments (ce qu'il ne fait donc jamais). Bien au contraire, un manager se doit d'aider ses collaborateurs à progresser et, pour cela, il a besoin de leur dire quand leur travail est bien fait et quand il ne l'est pas.

Être capable de faire des remarques

Les remarques ne sont pas des reproches, mais des critiques justifiées qui se doivent d'aider la personne à qui elles sont destinées à avancer[1].

En ce sens, elles ne peuvent porter sur la personne elle-même, ni être vagues. « *On ne peut pas compter sur vous* » n'est pas recevable car pas assez précis. Une remarque se fait par rapport à une situation donnée, à une circonstance qui ne s'est pas déroulée comme il aurait fallu. En revanche, « *Votre retard à la réunion m'a été préjudiciable du fait que c'est vous qui vous chargiez d'apporter les documents dont nous avions besoin.* » est formulé de la bonne manière et devient une critique recevable.

Apprenez de même à féliciter vos collaborateurs, à les remercier ainsi que votre chef. Dites ce que vous ressentez, lorsque vous en éprouvez le besoin. Il est toujours préférable de dire ce qui se passe, plutôt que de le garder pour soi, car c'est la plupart du temps une source de mauvaise interprétation.

1. *Vous trouverez en annexe la manière détaillée de faire des remarques, des compliments, des demandes, et de les recevoir.*

CHAPITRE 8

MON CHEF S'APPROPRIE MON TRAVAIL

Reprenons l'exemple précédent de Guillaume, mais voyons-le du point de vue de Gilles, son collaborateur. Guillaume demande donc à Gilles d'effectuer une étude et de lui remettre son compte rendu afin d'en tirer une présentation pour le comité de direction ; présentation à laquelle, précise Guillaume, Gilles sera associé. Gilles se met donc au travail, réalise son étude et remet son rapport à Guillaume. Ce dernier lui fait remarquer une erreur de concordance dans un calcul. Gilles le rectifie et rend son nouveau rapport. Jusqu'ici, tout va bien. Les deux collègues sont en phase. Mais c'est là que l'exemple devient intéressant. En effet, que voit alors Gilles ? Il voit Guillaume partir à la réunion prévue, mais sans lui. Sans lui, mais avec le travail qu'il a effectué. Nous pouvons alors, logiquement et inéluctablement imaginer ce qu'il nous en dirait : « *C'est incroyable, je fais un travail qui me demande du temps. Je corrige mes erreurs, et Guillaume prend ma version définitive ; il va la présenter sans moi au comité de direction.*

Il s'approprie mon travail sans même m'associer à sa présentation. C'est inadmissible : il fait travailler les gens et tire la couverture à lui en gardant tous les bénéfices de mon boulot ! »

Qu'en dirait Guillaume ? Que devant les erreurs répétées de Gilles, il a préféré faire lui-même le travail de correction, et qu'« *il [lui] était impossible d'emmener à une réunion de directeurs un collaborateur pas fichu de faire correctement son travail. De quoi j'aurais eu l'air avec quelqu'un d'incompétent à mes côtés ?* » Ce point de vue se comprend, comme se comprend celui de Gilles. Alors ? Deux positions et deux points de vue différents.

Comme Élodie, qui vient d'être recrutée comme « Directrice France » d'une entreprise de cosmétique, une PME qui se développe de plus en plus. Elle prend des contacts avec un gros distributeur et apprend inopinément qu'il a rendez-vous avec le directeur général, chez lui à son appartement, sans elle. Aussitôt son sang ne fait qu'un tour : « *j'ai bossé sur ce dossier pendant des semaines, et mon directeur me court-circuite en faisant le rendez-vous sans moi, et en plus, chez lui, pensant que je ne le saurai pas, pour bien me montrer qu'il m'en exclut et que je ne pourrai pas y aller sans être conviée ! Ce ne sont vraiment pas des procédés.* »

Si elle avait regardé un peu ce qui se passait, mais n'oublions pas qu'elle était nouvelle dans la société, elle aurait pris en considération le contexte : d'une part, le directeur a ses appartements juste au-dessus des bureaux ; d'autre part il vient d'avoir une petite fille. Et si elle avait demandé (ce qu'elle a fait après coup) de quoi il retournait, son patron lui aurait donné l'explication : « *Le distributeur m'a appelé pour me demander de caler un rendez-vous. Je lui ai dit que cela m'était impossible cette semaine-là car ma fille était malade et que je travaillais de chez moi. Ce à quoi il a répondu que c'était important et qu'il acceptait de venir à mon domicile.* »

Une fois encore, différence de points de vue : l'une pense être évincée, l'autre pense à sa vie personnelle. L'erreur de chacun a été de ne pas considérer l'autre dans sa position exacte.

Ces deux exemples montrent clairement que notre première idée d'une situation est souvent fausse : nous nous précipitons dans un scénario catastrophe, dont nous sommes les victimes, sans tenir compte de la réalité, et sans percevoir qu'il est certainement inexact.

Scénario catastrophe et réalité

Il y a tout à parier qu'en d'autres circonstances, aussi bien Gilles qu'Elodie auraient réagi différemment et auraient trouvé d'autres raisons à la situation qu'ils vivaient.

Sauf que lorsque nous sommes dans un état émotionnel négatif (fatigue, stress, nervosité, coup de blues...), les seules pensées que nous pouvons avoir sont des pensées négatives, qui définissent alors un scénario catastrophe. Peuvent s'en suivre des comportements qui correspondent à ce scénario, mais qui sont inappropriés devant la réalité.

J'aime bien cet exemple que me raconte Karine, qui arrivant le matin au bureau, croise son chef. Que lui dit-il ? Rien du tout. Et qu'en pense-t-elle ? « *Il me hait !* » Sans en arriver à cet extrême, et selon notre état d'esprit, que nous soyons stressés, anxieux ou inquiets, nous pouvons nous dire : « *Il n'a pas apprécié mon boulot d'hier* », « *il veut me virer* », « *quel malotru !* »...

Dans ces moments-là, nous sommes la proie de nos émotions négatives et nous ne réfléchissons plus. Les seules pensées que nous pouvons avoir sont des pensées négatives qui occultent celles que nous pourrions avoir autrement. En effet, en dehors de tout contexte de plan social, quelle est la logique qui vous persuade que votre chef veut vous licencier ? Pourquoi n'y aurait-il pas d'autres explications à son comportement que celle dirigée contre vous ?

Ne peut-on imaginer que sa femme l'a quitté, que son fils est à l'hôpital, qu'il a une indigestion ou une envie pressante, qu'il a oublié ses lunettes, qu'il vient de se prendre une engueulade par le PDG, qu'il est dans ses pensées ? Autant de pensées rationnelles, auxquelles vous pouvez croire, à froid, mais auxquelles vous n'avez pas accès dans les moments d'émotions négatives. Si vous vous penchez sur votre histoire, vous vous rendrez compte que souvent (pour ne pas dire toujours) il y a une autre explication : ne vous est-il jamais arrivé de laisser un message à un ami, puis un autre et encore un autre, et qu'il ne vous rappelle pas ? Bien sûr, il est possible qu'il vous en veuille (de quoi d'ailleurs ?). Mais un jour vous finissez par le joindre et que vous dit-il ? « *Ah enfin, je suis bien content d'être là quand tu appelles : chaque fois tu me laissais un message, mais sans me rappeler ton numéro. Et j'ai perdu tout mon agenda et je ne pouvais pas te rappeler !* »

Aussi, dans les moments de forte émotion négative, forcez-vous à imaginer d'autres alternatives : que pouvez-vous penser d'autre ? Que penserait un ami à votre place ? Que conseilleriez-vous à un ami qui vous raconterait la même histoire ? Ce faisant, vous sortirez du scénario catastrophe, remettrez les choses à leur juste place et retrouverez une sérénité car vous saurez que les attitudes négatives des autres ne sont pas dirigées contre vous personnellement.

CHAPITRE 9

JE SUIS NOYÉ DANS LES EMAILS

Sandrine, directrice de cabinet d'un ministre, est noyée sous les emails et les courriers. « *Chaque matin en arrivant, je me trouve devant un nombre impressionnant d'emails : entre 300 et 500 selon les jours ; dont je dois prendre connaissance : même s'ils ne me concernent pas directement, ils peuvent contenir des informations qui me seront utiles un jour. Puis vient le parapheur, et enfin les messages téléphoniques. Une fois tout cela fait, il me reste au mieux une demi-heure pour préparer la réunion de l'après-midi. Et encore. Car je dois m'occuper de mes équipes, répondre à leurs questions, les accompagner dans la bonne direction. Alors, mes seuls moments de libre sont dans la voiture : heureusement que j'ai un chauffeur, ainsi je peux travailler pendant les trajets. Et je ramène évidemment du travail chez moi, le soir et le week-end.* »

Thomas est chef de projet en informatique. Un jour, Abdel arrive dans son bureau : « *Je ne m'en sors plus. En plus de mon travail courant, j'ai des questions de tous les services qui m'arrivent par email. Cela demande du temps pour réfléchir à leur problème et leur répondre. Je perds du temps sur le progiciel, et maintenant j'accumule du retard.* » Et Thomas d'être étonné car, dit-il, « *plus personne ne répond aux emails ; les emails sont un moyen pratique, mais rien ne demande d'y répondre. Tout le monde sait cela !* »

Eh non, tout le monde ne sait pas cela, car il n'y a encore pas si longtemps le « qui ne dit mot consent » prévalait tant et si bien qu'une réponse s'imposait. Sans parler tout simplement de la politesse, du respect et du savoir-vivre qui a changé et évolué au cours de la dernière décennie. Si effectivement les emails constituent une avancée formidable, ils ont également leurs travers. Un bon point que l'on attribue déjà aux courriers électroniques et dont nombre de collaborateurs sont conscients : se couvrir. Envoyer un email pour prévenir une conséquence que l'on craint. Votre hiérarchie ainsi dûment mise au courant, vous pouvez plus tranquillement continuer votre chemin en étant déchargé d'une responsabilité que vous jugez trop lourde pour vous, ou que vous souhaitez partager. Par contre, l'abus de messages est également devenu chose courante. Je pense à ce salarié qui me disait envoyer un email à un collègue pour lui demander un renseignement, collègue qui était voisin de bureau, mais bureau d'*openspace*… donc juste à sa droite ! Admettons que c'est sûrement beaucoup plus efficace que de lui demander de vive voix ! Ou de lui passer un coup de fil s'il était dans un bureau physiquement séparé ! Alors ? Prendre conscience que le savoir-vivre a changé et que, comme pour tout, il est important, voire fondamental de rester dans le juste milieu.

Le savoir-vivre a changé

Trop de messages perturbent la communication. Trop d'emails perdent de leur pertinence et font perdre de leur efficacité, à la fois à leurs émetteurs et à leurs destinataires. La première règle d'or consiste à ne pas trop en faire : utilisez-les à bon escient, pour gagner du temps, pour laisser une trace, pour ne pas déranger un interlocuteur que vous savez occupé, lorsque vous n'êtes pas trop pressé, lorsque vous cherchez à vous « couvrir », lorsque vous êtes pressé et n'avez pas le temps de discuter longuement avec votre interlocuteur…

Ensuite, « n'arrosez » pas systématiquement tout le monde et n'importe qui, et sélectionnez vos interlocuteurs.

Enfin, obligez-vous à résumer le contenu de votre message dans l'en-tête : votre destinataire saura ainsi immédiatement s'il est concerné ou non, et cela lui évitera de perdre du temps.

Par ailleurs, écrivez votre message mais ne l'envoyez pas immédiatement : attendez quelques dizaines de minutes, ou quelques heures pour laisser votre réflexion aboutir. Que de fois entend-on « *Ah zut, j'ai oublié de dire quelque chose* », ce qui provoque l'envoi d'un deuxième mail, voire d'un troisième.

Lorsque vous êtes destinataire, dites-vous bien qu'actuellement cela ne se fait plus de répondre à tous les mails. Effectuez une première sélection en fonction de l'intitulé. Vous pouvez également, en amont, prévenir vos interlocuteurs que vous n'ouvrez les emails que lorsque le sujet est précis et vous concerne directement. Lorsque cela est possible, déléguez cette première phase à votre assistante. Si vous pensez que vous risquez de perdre des informations, c'est exact, mais nul n'a des journées extensibles, et accepter tout revient à refuser autre chose de plus important. Quoi qu'il en soit, il est évident que vous aurez, à un moment ou à un autre, la possibilité de retrouver cette information que vous n'aurez pas lue aujourd'hui. Ensuite lisez ce qui vous concerne, et forcez-vous à ne répondre qu'à ce qui est effectivement de votre ressort : ne répondez pas aux emails qui ne vous concernent pas directement, mais uniquement à ceux pour lesquels vous êtes le seul interlocuteur valable – sauf si cela vous fait plaisir, et que vous en avez le temps.

Finalement, il suffit d'ouvrir les yeux et de faire abstraction de la pression que représente l'afflux de courrier, pour être capable de trier ce qui est important de ce qui ne l'est pas. Cela n'est possible et faisable qu'à condition d'une pratique régulière.

CHAPITRE 10

MON TRAVAIL M'ENCOMBRE LA TÊTE

Georges se plaint d'insomnies : « *Lorsque je rentre chez moi, je passe une bonne soirée, je suis détendu et j'en profite bien. Par contre, une fois la tête sur l'oreiller, c'est là que ça démarre : je revois mes dossiers, et surtout ce qu'il faut que j'en fasse, les problèmes à venir, les questions des collègues, les processus à mettre en place, les contenus de mes réunions... Bref, je prépare mes journées voire mes semaines de travail. C'est sans fin. Bien sûr, le bon côté de l'histoire, c'est que je suis opérationnel à peine ai-je mis un pied au bureau. Mais c'est fatigant de ne pas s'endormir avant au moins deux heures du matin. Et chaque nuit !* »

Paradoxalement, devant la souffrance de Georges, la solution est assez vite mise en place. Reprenons une journée type de Georges : le matin dans les transports, il note les idées qu'il a eues dans la nuit et organise sa journée. Il est ainsi fin prêt en arrivant. Comme tout un chacun, il partage ensuite son temps entre réunion, réponses à ses collègues, briefing de ses collaborateurs, réponses à ses emails, coups de fils... si bien qu'il n'a aucun moment de relâche. Le soir, dans les transports, il en profite pour prendre connaissance de nouveaux dossiers, ou de l'avancement de dossiers en cours. Voici une journée type de Georges et de nombre d'entre nous : bien occupée, bien remplie plutôt. À laquelle il manque quelque chose ? Une pause direz-vous, ou plusieurs. Si vous le dites, mais ce n'est pas ici que je vous en parlerai. Non, car sa journée est bien remplie, tellement bien qu'il ne reste aucun moment pour réfléchir. Le cerveau est une machine à penser, et une journée comme celle-ci l'abreuve de demandes de solutions. Que fait alors votre cerveau dès que vous lui laissez le champ libre ? Il cherche les solutions aux questions que vous lui avez implicitement posées. À quel moment laissez-vous libre cours à vos pensées ? Au moment de vous endormir !

La solution est donc très simple : trouver un moment pour réfléchir tranquillement. Simple mais pas réaliste ni réalisable ? Si bien sûr, avec un peu de logique et de pratique.

Comment laisser ses dossiers au bureau

Laisser ses dossiers au bureau implique deux choses :

- La première est d'avoir une sorte de « sas de sécurité » entre votre vie professionnelle et votre vie du soir. Ce en quoi vous pouvez mettre à profit les transports. Pour écouter de la musique, lire un livre, faire des mots croisés, écouter les conversations, laisser vagabonder vos pensées… bref, vous détendre.
- La deuxième chose est de ne pas avoir de dossiers en suspens. Ce qui ne veut pas dire que vous n'ayez plus de travail à faire, car ce ne sera jamais le cas. Mais cela implique que vous ayez conscience que vous avez tous les atouts en main, que vous savez ce que vous aurez à faire le lendemain, comment résoudre vos problèmes… Pour ce faire, il est important de passer en revue votre journée, d'en faire un bilan, un debriefing si vous voulez. Ce bilan vous permettra de vous demander ce qui n'a pas été, de réfléchir à d'autres réactions possibles afin d'obtenir au final une situation convenable. Vous travaillez ainsi pour l'avenir,

tirez parti de vos erreurs, et capitalisez votre expérience. Vous prenez également conscience de vos réussites et de vos compétences, toujours pour avancer en vous basant sur votre expérience. Enfin, vous pensez à vos dossiers en cours, aux solutions que vous pouvez y trouver, vous réfléchissez à votre journée du lendemain afin de l'anticiper. En somme, vous faites tout ce travail que le cerveau de Georges ne faisait qu'au moment de s'endormir.

Ce faisant, vous avez digéré votre journée, êtes capable de déconnecter et de laisser vos dossiers au bureau.

CHAPITRE 11

JE N'AI LE TEMPS DE RIEN

Gautier est chef de projet dans le cinéma d'animation. Il s'occupe des dessins d'un long métrage. Il n'a pas d'horaires précis, le tout étant de livrer le projet en temps et heure. Il peut quitter un soir à 20h comme à 22h. Par contre, il n'est pas tenu non plus à une heure fixe d'arrivée. En partant, il n'a qu'une idée : rentrer chez lui le plus vite possible, pour dîner le plus vite possible, se coucher le plus vite possible et repartir. Il n'a le temps de rien, ni de voir ses amis, ni de faire des activités. Il passe son week-end à se reposer et à penser à ses prochaines vacances. Étant intermittent du spectacle, il sait qu'il a des périodes d'inter-contrat. Mais il sait également qu'elles ne sont pas très longues (un mois tout au plus) car il est reconnu dans sa profession qui ne compte que peu de professionnels à son niveau de responsabilités.

Bernard, au contraire, a le temps de faire beaucoup de choses. Il est directeur commercial et juridique dans une entreprise d'outillage. Il ne rechigne pas devant les horaires, et est à son bureau de 9h30 à 20h minimum. Le soir, il sort avec des amis, va au théâtre, au cinéma ou au concert. Le week-end, il part avec son épouse dans leur maison de campagne. Là, il s'occupe de son jardin, va retrouver des amis à son club de tennis et en invite d'autres à dîner. Il est toujours très occupé et ne se plaint jamais du manque de temps.

Quelle différence entre Bernard et Gautier ? Ils passent tous deux énormément de temps à travailler. L'un est désespéré de n'avoir de temps pour rien, alors que l'autre, dans le même laps de temps trouve matière à en faire encore et encore. L'un profite de son temps quand l'autre en cherche davantage. Alors ? Parions que si nous échangions leurs vies, ils continueraient de les vivre de la même manière : Bernard en l'appréciant et Gautier en se plaignant. Au final, la différence réside dans la manière dont chacun appréhende sa vie, perçoit la réalité. De cela découle ce qu'ils en font et comment ils l'occupent.

Deux clefs pour aider Gautier : savoir se détendre pour profiter du temps qui passe ; réaliser que sa vie correspond à ses aspirations, sinon les mettre en adéquation.

Lâcher du lest

Se détendre n'est pas forcément synonyme de se « mettre les doigts de pied en éventail au soleil ». Cette formule convient à certains d'entre nous qui en ressortent reposés et détendus. Pour d'autres, ce sera source d'ennui et donc de stress. La pause commence par l'idée que nous en avons, c'est-à-dire qu'il est impératif que nous la vivions comme telle, que nous ayons conscience de nous détendre.

Je me souviens de Giselle, assistante maternelle qui me disait n'avoir pas le temps de s'arrêter, « *vous comprenez, je dois toujours avoir l'œil sur les enfants. Quand vous en avez quatre à demeure, vous pouvez être sûre qu'il y en a toujours un qu'il faut empêcher de se blesser !* » Je lui tins cependant le même langage, que la pause commence par l'idée que nous en avons, que même une seconde peut suffire à se détendre et repartir… Lorsqu'elle revint, elle arborait un grand sourire : « *Ça marche ! Je me suis surprise, assise, un quart de fesse sur l'accoudoir de mon fauteuil, à me dire "ouf, je me pose". Si vous saviez quel bien ça fait !* »

Alors comme Giselle, prenez le temps de vivre, en conscience, les moments d'arrêt que vous avez dans votre journée. Et croyez-moi, ils sont nombreux, mais nous ne les percevons pas comme tels, et, partant, avons l'impression de toujours courir.

Mettre en lumière vos aspirations paraît souvent plus difficile que cela est. Essayez simplement de rejouer le film de votre vie, en repartant du début, et regardez où cela vous mène. Il y a fort à parier que vous arriverez au même endroit, car vous avez en fait suivi vos aspirations. Vous ne les avez peut-être jamais vraiment formulées, vous n'en avez peut-être jamais vraiment eu conscience. Il n'en demeure pas moins que ce soit la réalité. Alors forcez-vous à formuler – encore une fois en conscience – les valeurs qui vous ont guidé dans votre chemin professionnel. Mettez ainsi en lumière celles qui sont satisfaites et celles qui restent à satisfaire[1]. Ne faisant pas souvent cet exercice, nous restons bloqués sur ce qui manque, sans voir tout ce que nous avons déjà réalisé. Nous restons également focalisés sur tous les aspects négatifs de notre vie professionnelle, sans en voir les aspects positifs. Au final, notre vie nous correspond bien la plupart du temps, mais nous n'en avons pas conscience. Pour ceux dont ce ne serait pas le cas, formuler clairement vos valeurs[2] vous aidera à voir pourquoi votre travail ne vous satisfait pas. Vous

1. *Vous trouverez en annexe comment mettre des mots sur le chemin et le sens que vous avez su donner à votre vie.*
2. *Vous en trouverez une liste en annexe.*

pourrez alors envisager un changement en sachant exactement dans quelle direction vous diriger.

CHAPITRE 12

Je me lasse rapidement et perds ma motivation

Fabrice est chef de projet dans une entreprise d'informatique. Il apprécie particulièrement la phase initiale d'étude et de conceptualisation. Le problème est que cette phase ne dure jamais plus d'une année, voire une année et demie. Au bout de ce temps, lorsqu'il entre en phase de réalisation, il a le sentiment de perdre son temps, de ne plus être efficace. « *Je ne sers plus qu'à résoudre les problèmes de mes collaborateurs. Alors ils viennent me trouver sans même essayer de trouver des solutions. Parfois, je leur donne la réponse, car cela va plus vite et que je n'ai pas envie de m'embêter, parfois je les aiguille dans la bonne direction. Mais tout ça ne m'intéresse pas. Alors je change d'entreprise. Et tout recommence. Sur la première phase, je suis passionné. Puis, je m'étiole. Alors je demande à changer de projet. On me répond qu'il faut attendre un peu, que le client ne comprendrait pas que je parte maintenant. Alors je cherche ailleurs, en me disant que je vais bien finir par trouver une entreprise qui me corresponde réellement. J'ai bien envisagé de me mettre à mon compte et d'être consultant, mais j'ai vu des amis faire cela, et je sais qu'au bout de peu de temps je ne m'occuperais plus que des problèmes administratifs et du commercial, et ce n'est pas non plus ce que j'aime. Alors je ronge mon frein, et j'attends je ne sais quoi.* »

Pour Patricia, qui occupe un poste équivalent dans une société de services, la question ne se pose même pas. Elle sait que pour avancer, elle doit mener à bien un certain nombre de missions qui lui sont proposées : d'abord gérer un petit projet, puis un plus gros, puis devenir responsable... Elle sait ce qu'avancer veut dire : avoir de l'avancement, et progresser dans sa ligne hiérarchique, avoir un meilleur salaire et un meilleur niveau de vie. Le fait que certaines étapes l'intéressent moins que d'autres n'entre pas en ligne de compte, puisque son plan de carrière est précisément défini, et qu'elle s'épanouit dans ce qu'elle fait.

La différence entre Patricia et Fabien ? L'objectif : clairement défini pour l'un, non défini pour l'autre. En effet, Fabien nous le dit : il peut s'épanouir dans de multiples contextes, du moment que son travail n'est pas répétitif. Ce que Fabien considère comme répétitif (résoudre les problèmes des uns et des autres, pour simplement concrétiser quelque chose déjà élaboré), Patricia le qualifierait de différent chaque jour : « *Chaque personne est différente et chaque problème également ; de plus mettre en œuvre une idée impose de s'adapter chaque jour aux exigences nouvelles qui surgissent. Non, ce n'est vraiment pas répétitif.* »

Différence de points de vue et de personnalité : sans rien changer, Fabien ne trouvera jamais de poste idéal. En revanche, chausser une autre paire de lunettes lui permettra enfin de s'épanouir : cela impose qu'il conserve son cœur de métier et qu'il aille « à la pêche » aux activités complémentaires afin de se construire une vision satellitaire et multitâches de son travail. Ainsi sa soif de nouveautés sera toujours satisfaite.

Les planètes

Considérer son travail comme une succession de tâches identiques qui se répètent à l'infini est effectivement on ne peut plus déprimant. Même si aucun travail n'est exactement « monotâche », certains s'ennuieront rapidement devant la similitude des actions à mener et des dossiers à traiter. Malheureusement, changer de poste ne satisfera leur soif de connaissance et leur curiosité que le temps de la découverte. Rapidement l'ennui se fera de nouveau sentir. C'est alors à vous d'être à l'initiative de ce dont vous avez besoin pour vous épanouir. D'après mon expérience, la plupart des supérieurs hiérarchiques ainsi que la plupart des entreprises sont non seulement preneurs d'initiatives, mais également à la recherche de collaborateurs ayant l'envie et la capacité de mener à bien des tâches qui ne rentrent pas précisément dans leurs attributions.

Concevez alors votre travail comme une planète (le cœur de votre métier) entourée de satellites sur lesquels vous passez au gré de vos envies et des circonstances. Ainsi, un jour c'est la planète qui prend le plus de place, le lendemain l'un des satellites, le surlendemain un autre… L'ennui n'existe alors plus.

Voici l'exemple de Caroline, chargée d'études dans un grand groupe de gestion :

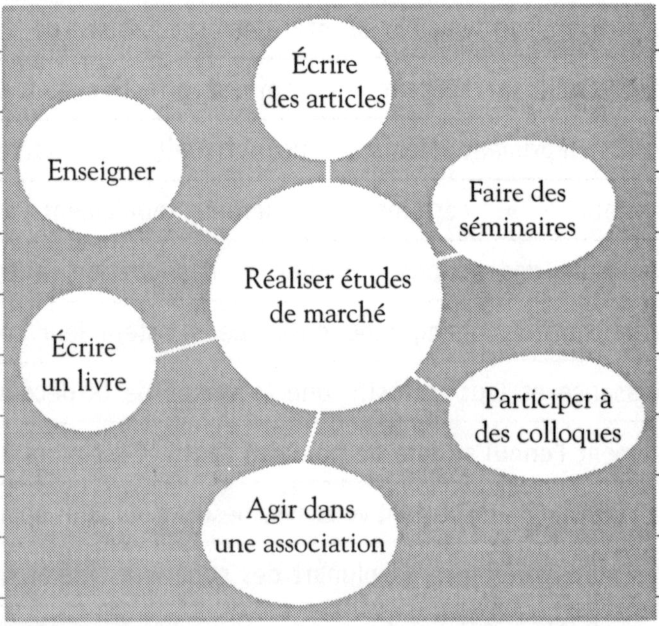

Toujours dans la branche qui est la sienne, Caroline, à son initiative, a su complexifier son travail en se rajoutant des activités connexes qui l'enrichissent. Plutôt que de la dispersion qui l'aurait empêchée de terminer ses études, cette manière de faire l'a épanouie et rendue beaucoup plus efficace. Ne s'ennuyant plus, elle a finalement considéré que ce travail, duquel elle envisageait de démissionner, correspondait finalement à ses aspirations. Elle a su en faire quelque chose qui lui ressemblait.

Considérer ainsi votre vie professionnelle vous permettra d'y trouver plus de satisfactions. Par contre, ce sera toujours à vous d'être à l'initiative de vos idées, et de les proposer afin de pouvoir les réaliser.

(INTERLUDE 3)

Changer, mode d'emploi

Pourquoi vouloir changer ? Pour faire disparaître de notre vie les problèmes et les situations désagréables que nous vivons, pour avoir une vie épanouie, sereine et équilibrée. Aussitôt se pose la question « *oui, mais comment faire ? Il y a tellement longtemps que je fonctionne ainsi, que je ne peux certainement pas changer !* » Ce n'est pas aussi compliqué qu'il y paraît. Et tout n'est qu'une question de bons outils, de bonnes méthodes, de bonne direction, car au final, il s'agit simplement d'apprentissage, ou plutôt de désapprendre ce qui ne vous convient plus en le remplaçant par ce que vous souhaitez.

Un apprentissage

Nous sommes souvent pris par le poids des habitudes car nous avons appris à fonctionner comme nous le faisons. Cela nécessite de le désapprendre, de désapprendre les habitudes qui ne nous conviennent plus pour les remplacer par d'autres, que nous aurons choisies et qui nous conviendront mieux.

Imaginons que vous deviez conduire dans un pays anglophone. Vous savez comment vous allez devoir faire : que vous aurez à conduire à gauche, le volant étant à droite. À votre arrivée, lorsque vous voulez changer de vitesse, automatiquement votre main droite se dirige vers le levier de vitesses (c'est-à-dire là où il se trouve, dans votre voiture française), et que trouve-t-elle à la place ? La poignée d'ouverture de la fenêtre. C'est vrai, vous avez l'air bête, mais c'est tout à fait normal : c'est un automatisme, et nous sommes tous passés par là. Vous prenez gentiment votre main droite, la remettez sur vos genoux, prenez votre main gauche, et l'emmenez changer de vitesse. Processus bien loin d'être automatique. Projetons-nous quelques jours plus tard. Votre main droite reste désormais gentiment à sa place, et votre main gauche passe seule et automatiquement les vitesses dont vous avez besoin : vous avez appris à conduire à gauche, en désapprenant la conduite à droite.

C'est le même principe pour ce qui nous intéresse : qu'il s'agisse de manières de penser, d'appréhender la réalité ou de comportements, il faut apprendre ou désapprendre afin de créer de nouveaux automatismes. Lorsque vous allez commencer à modifier vos attitudes, tout se passe comme si votre voiture empruntait un chemin de campagne plutôt qu'une belle route déjà bien tracée. À force de pratiquer, de répéter encore et encore les mêmes attitudes, ou plutôt le même type, votre voiture emprunte encore et encore le même chemin. Au bout du compte, d'un chemin de terre, vous êtes passé à une autoroute. Pendant le même temps, votre cerveau a modifié ses connexions en fonction de vos nouvelles expériences, et cela se voit en IRM. Le tout est une question de méthode et de pratique. Avoir conscience que cela est possible, pour tous et à tout âge, est indispensable.

L'étape suivante consiste à définir ce que vous voulez changer, ce que vous voulez acquérir, bref où vous voulez aller.

Les objectifs

Souvent, lorsque je demande aux personnes que je reçois ce qui les amène chez moi, elles me répondent : « *Je voudrais aller bien.* » Souhait bien légitime, mais beaucoup trop flou. « *Aller bien* » varie d'une personne à l'autre, et il est important que chacun précise ce qu'il met sous ce concept. La question que je pose alors est la suivante : « *Essayez de définir ce que serait votre vie idéale : que retirez-vous à votre vie actuelle ? Que rajoutez-vous ? Que lui ôtez-vous ?* »

La question n'est pas simple non plus, mais elle est envisageable. Pour vous aider, appuyez-vous sur votre expérience, sur ce que vous vivez chaque jour. Faites un bilan quotidien et regardez derrière vous : qu'avez-vous vécu de désagréable aujourd'hui ? De positif ? Cela vous donnera quelques clefs pour définir la direction dans laquelle vous souhaitez avancer.

Jour après jour : le bilan

Faire un point quotidien est indispensable pour permettre au processus d'apprentissage de se dérouler : de même que la pratique de la conduite vous a permis, jeune conducteur, de conduire de façon de moins en moins saccadée, la pratique quotidienne vous permettra de changer vos attitudes mentales.

Comment aurais-je voulu réagir ?

Pour ce faire, notez (au propre ou au figuré) les situations qui ne vous ont pas convenu, celles que vous avez mal vécues. Demandez-vous ensuite comment vous auriez voulu réagir, et, toutes choses étant égales par ailleurs, si cela aurait été possible.

Imaginons que vous souhaitiez demander une augmentation à votre patron. Vous allez le trouver, lui dites le pourquoi de votre visite : il vous répond qu'il n'en est pas question et vous repartez, déconcerté, frustré, en colère après vous-même de n'avoir pas obtenu gain de cause. Votre scénario idéal est le suivant : trouver les bons arguments pour obtenir votre augmentation. Est-ce possible ? Cela dépend du contexte, de l'environnement dans lequel vous vous trouvez. En période de crise, quoi que vous puissiez dire ou faire ne changera pas grand-chose. Alors si vous avez formulé correctement votre demande, n'avez pas été agressif, et si votre chef vous a répondu poliment en vous expliquant la situation, il n'y rien à faire d'autre qu'accepter que tout ne soit pas parfait. Si par contre vous n'avez pas réussi à argumenter, à répondre posément et calmement à votre chef de manière à lui donner les bons arguments pour qu'il satisfasse votre demande, alors, oui, il y a quelque chose à faire. Dans ce cas, rejouez le scénario en faisant les questions et les réponses : l'esprit d'escalier en quelque sorte qui sera très efficace pour se préparer aux prochaines fois.

La fois suivante, ou dans une situation analogue, anticipez la situation : prenez le temps de répéter votre scénario, dans votre tête. Vous vous préprogrammerez et serez ainsi plus enclin à agir comme vous le souhaitez.

Qu'est-ce que je peux penser d'autre ?

Sur chaque situation négative, demandez-vous également ce que vous pourriez penser d'autre que le scénario catastrophe. En effet, nous sommes tous ainsi faits que lorsque nous sommes stressés, inquiets, tristes, angoissés… les seules alternatives qui nous viennent à l'esprit sont des alternatives destructrices.

C'est ainsi qu'une dame que je recevais, particulièrement stressée, me disait avoir trouvé son chef distant le matin. Aussitôt de penser « *il va me licencier et il n'ose pas me le dire* », alors même que son chef appréciait particulièrement son travail et l'en félicitait régulièrement. Mais cela, elle ne pouvait pas le voir, car son esprit critique était parasité par son stress qui ne lui laissait accéder qu'à ses mauvaises pensées.

Mes étudiants à qui je posais la question « *Que penseriez-vous si, au lendemain d'un examen* [je rajoutais même un contexte favorisant les mauvaises interprétations] *vous croisiez votre professeur et qu'il détournait les yeux en vous croisant ?* » La réponse à été unanime : « *qu'il est dans ses pensées !* »

Ce sont de mauvaises interprétations de la réalité qui entretiennent le cercle vicieux des mauvaises pensées, car quelles preuves avons-nous de la haine du chef ? Aucune.

Entraînez-vous chaque jour à trouver ce que vous pensez et ce que vous pourriez penser d'autre : réfléchissez à ce que vous diriez à un ami qui vous raconterait la situation que vous avez vécue.

Et, même si cela peut vous paraître simpliste, rappelez-vous ce que nous avons dit sur les rouages qui nous font agir de travers, et gardez présent à l'esprit que les gens n'agissent pas si souvent méchamment par goût.

Il y a souvent des explications à un comportement que nous n'apprécions pas, des explications autres que celles auxquelles nos interprétations nous font penser[1].

Une fois que vous aurez compris que le scénario catastrophe n'est pas souvent le reflet de la réalité, vous pourrez commencer à vous entraîner à ne vous en tenir qu'aux faits. Cela revient à n'être que purement descriptif de la réalité qui vous entoure, sans laisser de place aux interprétations.

Reprenons l'exemple d'un chef qui vous croiserait sans vous dire bonjour. Vous pouvez laisser le petit vélo des mauvaises pensées démarrer et vous dire « *il m'en veut ; il n'a pas apprécié mon travail de la semaine dernière ; il y a un plan social et il n'ose pas m'en parler...* » et ensuite réfléchir, comme nous l'avons

1. *Vous en apprendrez plus sur les erreurs de raisonnement en annexe.*

vu précédemment, à ce que vous pourriez penser d'autre : « *il est préoccupé ; il s'est fait savonner par le patron ; sa femme est à l'hôpital ; il ne m'a pas vu ; il a oublié ses lunettes…* » En fait, tout démarre du simple fait que vous vous disiez « *mon chef ne m'a pas dit bonjour* », et qu'en somme vous en preniez ombrage. À l'inverse, vous pouvez tout simplement vous dire « *j'ai croisé mon chef qui regardait ses pieds.* » Quoi de négatif dans ce simple fait ? Rien du tout. Sauf que le petit vélo va démarrer aussitôt : « *oui, mais il ne m'a pas dit bonjour* ». Arrêtez-le (vous verrez, ce n'est qu'une question de pratique), et répétez-vous « *mon chef regardait ses pieds* », et ainsi de suite. Vous apprendrez ainsi à court-circuiter pensées et émotions négatives, et vous vous surprendrez à dire à vos collègues : « *Mon chef ne m'a pas dit bonjour ce matin ; le pauvre, il est vraiment préoccupé en ce moment.* »

Acceptez d'avancer ainsi pas à pas, jour après jour, et vous verrez que vous arriverez à vous débarrasser des situations problématiques. Mais n'oubliez pas de réinscrire chacune d'entre elles dans leur contexte : mettez en lumière votre but (ce que vous êtes censé faire) et votre exigence personnelle (ce que j'appelle les *oui, mais* : « *oui, mais j'aurais pu mieux faire* ») qui, si elle peut être source de perfectionnement et de saine ambition, peut également être destructrice en vous masquant que vous avez bel et bien atteint votre objectif.

Enfin, n'oubliez pas dans votre bilan quotidien de mettre en lumière vos réussites, ainsi que tout ce que vous avez vécu de positif dans votre journée.

CHAPITRE 13

On me pique mes idées

Lucie est prestataire de service dans une entreprise d'informatique. Il lui arrive fréquemment d'exposer ses idées concernant sa manière d'aborder un nouveau client. Régulièrement, son chef ne lui répond pas. Il la regarde comme si elle n'était pas là et parle d'un autre sujet. Quelque temps plus tard (plusieurs semaines en général), il vient la trouver et lui dit qu'il a une idée sur la manière d'aborder la question, et il lui redit exactement ce qu'elle lui avait exposé. Elle ne peut s'empêcher de penser qu'il le fait exprès afin de s'approprier ses idées.

Ce n'est pas une fois de temps en temps que les personnes que je reçois me tiennent ce discours, mais quasi-quotidiennement !

Comme Fabien, créateur de sites Internet. Dans sa branche, le délai est plus court, de quelques jours à une semaine. Mais le processus est identique : Fabien parle d'une nouvelle direction dans laquelle il lui semblerait logique d'aller, non seulement personne ne dit mot, mais tous de le regarder comme s'il parlait javanais. Et… un jour, il s'entend dire : « *Au fait Fabien, il faudrait développer le site de Monsieur Truc comme ci et comme ça !* », avec ses propres mots.

Ou Clémentine, qui, consciente des tenants et des aboutissants de ses différents projets, les expose, afin d'éviter les écueils qui lui semblent incontournables si on continue dans la direction actuelle. Et, évidemment personne ne l'écoute. Et le moment venu, on lui reproche de ne pas avoir pris les devants.

Ou encore Jérôme, directeur d'études qui explose un jour auprès de son amie : « *J'en ai assez. Aujourd'hui encore il m'a ressorti ce que je lui avais dit il y a trois mois. C'est chaque fois la même chose, il n'écoute rien quand je parle ! Je vais lui mettre mes idées dans des enveloppes, et je les lui donnerai trois mois après en avoir eu l'idée. Comme ça, il cessera de me prendre pour un pigeon !* »

Frustration, colère, ressentiment, démotivation… la liste est longue des conséquences liées à la certitude que votre chef se fiche de vous. Alors que dans le fond, les divers protagonistes fonctionnent différemment, et en termes de raisonnement, deux planètes cohabitent : les personnes qui raisonnent de manière séquentielle (rationnelle) et celles qui utilisent un raisonnement intuitif. Chacun étant, et c'est bien normal, persuadé qu'il n'existe qu'un seul mode de raisonnement, il projette sur les autres la manière dont il fonctionne, sans percevoir que ce n'est pas le cas.

Raisonnement intuitif et raisonnement séquentiel

Le raisonnement le plus courant, et le plus mis en lumière, est le raisonnement à la manière du penseur de Rodin. Une fois une problématique posée, on se prend la tête entre les mains et l'on y réfléchit : de l'énoncé, je déduis ma première étape, de laquelle s'ensuit la deuxième,... jusqu'à arriver au résultat. Il s'agit du raisonnement séquentiel, logico-mathématique. Ces personnes ne réfléchissent qu'à une chose à la fois, et ne peuvent travailler que dans le calme. Elles passent en revue un élément après l'autre. Imaginons que vous regardiez votre bureau, alors vous le balayez du regard en commençant à droite, voyant un téléphone, un agenda, un pot à crayons, une règle, un ordinateur, une pile de papiers.

Le raisonnement se construit au fur et à mesure, un élément se déduisant du précédent, exactement comme un raisonnement mathématique. Ce n'est qu'en arrivant au bout de tous leurs indices qu'ils accèdent à la conclusion.

À l'inverse, nous trouvons l'effet Eurêka bien connu des neuroscientifiques, dans lequel la conscience verbale est le dernier maillon de la chaîne de traitement des informations. Il est évident qu'Archimède réfléchissait à son problème depuis un moment, avait les connaissances et les informations adéquates. Seulement, il ne les a pas assemblées consciemment, mais son cerveau l'a en quelque sorte fait pour lui à son insu, d'où le célèbre « *Eurêka !* » qu'il poussa dans sa baignoire lorsque le résultat arriva à sa conscience. C'est pour cela que l'on parle également de raisonnement intuitif.

Ceux qui ont un raisonnement intuitif effectuent un traitement parallèle des informations qui leur parviennent. Comme si vous aviez une vision panoramique de tout ce qui se trouve sur votre bureau. La parole étant séquentielle (vous ne pouvez prononcer qu'un mot après l'autre), vous n'avez pas de conscience verbale des objets qui y sont posés. Tout se passe comme si vous n'aviez pas accès aux différentes informations qui vont vous mener à l'aboutissement de votre raisonnement. Et, d'un coup, « plop », la conclusion s'impose à votre esprit, en quelque sorte à votre insu. À votre insu car la conscience verbale n'est que le dernier maillon de la chaîne du raisonnement.

Tout revient en fait à ce que, une fois recueillies les informations dont vous avez besoin, votre cerveau les assemble à votre insu (c'est-à-dire que vous n'en avez pas de conscience verbale) et vous en donne le résultat lorsqu'il est prêt ; d'où une espèce d'intuition. Intuition qui n'est pas une vue de l'esprit mais le fruit d'un raisonnement hautement élaboré, très structuré mais structuré différemment.

Le résultat est que ces personnes n'ont pas accès (pas immédiatement en tout cas) au processus. Si bien qu'elles sont la proie d'évidences qu'elles ne peuvent ni expliquer ni justifier. En résulte également un décalage temporel avec ses semblables : traiter les informations en parallèle donne un même résultat plus rapidement que traiter les mêmes informations séquentiellement.

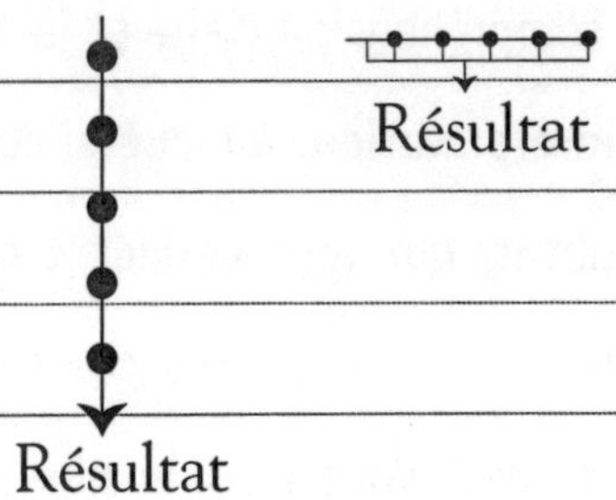

Tout se passe comme si « l'intuitif » parlait javanais à quelqu'un qui ne connaît pas cette langue, mais qui commence à l'apprendre. Quelque temps plus tard, en maîtrisant les arcanes, il revient vers son interlocuteur et lui redit ce qu'il lui avait dit auparavant : appropriation ? Non, simple délai de raisonnement.

Entre-temps, le « séquentiel » a pris en compte les éléments que « l'intuitif » avait perçu dans son environnement, les a traités et est arrivé au même résultat.

À l'inverse, si vous ne faites pas une chose que vous devez achever (traiter un dossier, écrire une lettre...), le processus est le même : votre cerveau n'a pas terminé de traiter les informations que vous lui avez données. Aussi ne culpabilisez pas, ni ne pensez qu'il s'agit de fainéantise, vous arriverez à bon port au moment voulu.

Si vous êtes plutôt comme le penseur de Rodin, vous êtes précis et avez besoin d'une information explicite, ce qui vous permet d'avoir une compréhension claire et juste d'une situation, sans place pour l'interprétation. La quête de résultat est une de vos grandes qualités, qui vous permet « coûte que coûte » d'atteindre vos buts. Il en résulte une grande fiabilité que vos interlocuteurs apprécient. Vous êtes le plus efficace dans des tâches qui mobilisent vos habitudes de travail, ce qui favorise votre côté opérationnel et concret. En contrepartie, cela peut vous conduire à privilégier les situations stéréotypées, freiner vos processus de changement et réduire votre créativité.

Si vous êtes plutôt comme Archimède, vous inventez des produits, des services, des nouvelles structures, des stratégies nouvelles. Vous voyez venir de loin les futurs succès comme les échecs. Voyant les tenants et aboutissants, vous savez, dans une équipe ou dans un projet, qui ou quoi sera un frein, et ce qu'il faudrait faire pour le dépasser. Vous avez une vision stratégique efficace et pertinente. Le problème est que vous ne savez pas expliciter votre point de vue et que, souvent, vous ne supportez pas les relations hiérarchiques avec les « petits chefs » qui ne vous comprennent pas. Parler de stratégie avec le « big boss » vous est plus facile.

Pour un manager, il serait bon d'écouter les idées stratégiques que présente l'intuitif et d'utiliser le côté concret du séquentiel pour en voir les tenants et aboutissants et entrer dans sa concrétisation et sa réalisation. L'entreprise gagnera ainsi le temps nécessaire pour développer le raisonnement séquentiel qui le mènera au même résultat. Ce qui peut se chiffrer en jours, en semaines ou en mois.

En pratique il s'agit, dès lors que vous comprenez que deux fonctionnements existent, de tenir compte de votre interlocuteur. Intuitifs, apprenez à donner des indices aux rationnels : ils sont dans votre cerveau et vous pouvez donc aller les y rechercher. Rationnels, acceptez que lorsqu'un collaborateur vous donne une idée nouvelle, elle puisse être juste même si elle vous est incompréhensible au premier abord.

Apprenez ensemble à tenir compte de vos expériences passées afin de vous faire mutuellement confiance.

CHAPITRE 14

MON CHEF ME HARCÈLE

Julie est comptable dans une petite entreprise. Sa grossesse s'est très mal passée, et jusqu'à ses trois ans, son fils a souvent été malade. « *Je ne pouvais pas venir travailler quand mon fils était malade. Alors j'ai souvent été absente. Toujours avec un certificat médical bien sûr. Et pourtant mon patron chaque fois de me faire des réflexions. Vous êtes d'accord n'est-ce pas que c'est du harcèlement ?* »

Dans l'histoire, les deux ont raison : Julie qui doit s'occuper de son enfant et son patron qui doit se débrouiller avec une personne régulièrement absente.

Mais ce que Julie oublie de voir, c'est que, oui, son patron lui fait des remarques. Mais, à la fin de l'année, il lui a malgré tout donné sa prime comme si de rien n'était.

Ne voyant que les mauvais côtés de son patron, elle a finalement peur lorsqu'elle doit être absente ; elle prévient son chef en étant elle-même mal à l'aise voire avec agressivité, craignant de se faire rabrouer, et en somme tend le bâton pour se faire battre :

« *J'avais prévenu mon patron que nous partions en week-end pour un pont, et la veille mon fils était malade. Mon boss n'étant pas là, je pose donc mon certificat médical sur son bureau pour qu'il le trouve lundi en revenant. À peine étais-je de retour de week-end qu'il m'agresse en me disant, bon d'accord avec humour, que j'étais une mauvaise maman d'être partie en emmenant mon fils malade ! »*

Qu'a dû penser le patron ? Que sa collaboratrice prenait un jour de plus pour rallonger son week-end.

En somme chacun des deux protagonistes considère son point de vue comme étant le bon et n'essaye même pas de se poser la question de ce que peut ressentir l'autre : Julie, qui est de bonne foi et toujours prête à travailler. Son patron, qui accepte sans plus rechigner que cela ses absences et se débrouille pour faire avec[1]. Pleins de bonnes volontés, il ne leur aura manqué qu'un peu de communication et d'ouverture pour accepter le point de vue de l'autre.

1. *Je dois dire que la première remarque de mes étudiants de master en management lorsque je leur exposais cet exemple fut : « il faut chercher des arrangements avec Julie, lui demander de prendre une baby-sitter, ou de voir avec ses parents, de lui faire rattraper ses heures… » Ce faisant, ils commettaient la même erreur : voir le seul point de vue du patron.*

Adopter un autre point de vue

« Mets-toi à sa place », entend-on souvent dire. Conseil facile à prodiguer, mais beaucoup plus difficile à mettre en application. Se mettre à la place de l'autre pour adopter son point de vue et développer de l'indulgence à son égard permet de diminuer le ressentiment, la colère et l'agacement en comprenant précisément ce qui motive les comportements et les décisions de l'autre.

En premier lieu, il faut le vouloir, c'est-à-dire mettre en perspective les bénéfices que l'on retirera d'une vision plus juste et plus compréhensive, par rapport au ressassement négatif.

Cela demande ensuite de prendre un peu de temps, au calme, pour pouvoir s'imaginer au poste qu'occupe la personne dont on cherche à se mettre à la place, en mettant en lumière tous les tenants et aboutissants : si je fais cela, quelle en est la conséquence, et ensuite, et encore ensuite ; si je ne le fais pas quelle sera alors la conclusion, et la suite, et encore ensuite... Visualiser ainsi clairement la cascade d'événements qui découlent de l'une ou l'autre attitude vous permet alors de dire « *si mon chef autorise cela, quelle en sera la conséquence, et la suivante, et encore après...* » Vous prenez ainsi conscience des implications exactes et précises qui découlent de chaque décision prise par votre hiérarchie.

De même que l'explication reste souvent à l'état de concept, il serait encore plus bénéfique de pouvoir concrètement vivre une journée ou une semaine à la place de votre chef. De même qu'un jeu très apprécié des enfants consiste à leur donner pendant une journée la place de leurs parents, avec toutes ses implications : faire les lits, préparer le déjeuner, s'occuper des petits frères et sœurs, faire réviser les devoirs, garder du temps de loisir, ne pas faire que des critiques, ne pas être directif, être amusant, jouer, ne pas regarder trop la télévision, se coucher à l'heure adéquate... Les enfants adorent ce jeu... juste une journée. Et leurs comportements ne sont plus les mêmes les jours suivants. Dans le cadre professionnel, l'idée de pouvoir vivre une journée à la place de votre chef est utopique. L'imagination permet efficacement de pallier ce manque, à condition de se donner le temps de la mettre en œuvre.

Ce faisant, petit à petit et jour après jour, vous changez votre manière d'appréhender votre contexte professionnel, et votre ressentiment tend à diminuer voire à disparaître.

CHAPITRE 15

MES COLLABORATEURS NE SONT PAS MOTIVÉS

Claude dirige le service des archives de la municipalité d'une petite ville. Son équipe, assez importante, est constituée de huit personnes qui ont toutes été mutées là car « *on ne savait pas où les mettre, alors, comme je dois mener à bien l'archivage des informations de tous les services, on me les a envoyées. Mais ils ne sont pas motivés. L'une veut une mutation dans un autre service, l'autre a des problèmes de santé, le troisième fait des jeux sur son ordinateur toute la journée… Et moi, je m'arrache les cheveux à essayer de leur faire faire des choses qui pourraient les intéresser. Car il y a beaucoup à faire : aller interroger les autres services pour connaître leurs besoins, concevoir un système de classement, et puis des tâches plus répétitives : trier et organiser. Mais il y en a pour tous les goûts.* »

Didier dirige une entreprise de décoration. Il peste chaque jour après ses employés dont il dit qu'ils n'ont aucune idée. Ils font ce qu'on leur demande, mais ça ne va pas plus loin : « *Ranger les tissus qui viennent d'arriver, ils n'en ont pas l'idée. Faire le point des projets que nous avons, pas plus. Déballer ce qui vient d'être livré, non plus. Ce sont des exécutants. Pas toujours bons car lorsqu'un client demande quand nous pouvons intervenir, même si c'est peu de choses et que nous pouvons le faire immédiatement, ils privilégient leur petit confort et donnent un rendez-vous la semaine suivante. Pourtant je ne suis pas un mauvais patron et ils n'ont pas l'air malheureux !* »

Antoine, patron de librairie, tient le même discours, en trouvant chaque jour ses vendeurs assis sur un tabouret à attendre que le temps passe : « *pourtant dans une librairie, il y en a des choses à faire, des livres à ranger, à épousseter parfois, à vérifier si tout est bien mis en rayon…* »

Ou encore Aurélie, manager d'une solderie de grande marque d'électroménager qui s'exprime ainsi : « *L'un de mes collaborateurs passe la porte à 9h00. Toujours ponctuel. Mais après il va boire son café, fait la tournée de ses copains. Si bien qu'il ne prend pas son poste avant 10h30. Lorsque je lui fais des remarques, il me regarde sans comprendre et trouve que j'exagère car il pointe à l'heure !* »

Je comprends bien leur désarroi, l'énervement et même leur colère, car qui ne l'a pas vécu ? Je pourrais ici vous parler de motivation, que ces collaborateurs n'en ont pas trouvée suffisamment, que c'est au patron de s'adapter à eux et de leur trouver des tâches en rapport avec leurs aspirations, d'essayer de les faire avancer et, petit à petit, de les faire changer. Je ne vous dirai rien de tout cela (pas ici en tout cas). Je ne vous parlerai que du fait qu'il est des personnes qui ne souhaitent pas avoir les responsabilités d'un manager ou d'un patron, que ça n'intéresse pas ou qu'ils n'en ont pas la carrure, je ne sais pas, mais le fait est là.

Tout le monde n'a pas vocation à être « patron »

Je me souviens d'une des personnes que je recevais, un jeune diplômé qui venait de prendre son premier poste. Il était ingénieur en informatique et le bureau voisin du sien était occupé par un programmeur d'une cinquantaine d'années, « *grouillot de base il est arrivé, grouillot de base il est toujours !* ». Pour ce jeune, à l'ambition plus que palpable, il était inconcevable que quelqu'un puisse occuper le même poste toute sa carrière durant. Et pourtant, c'est un point de vue partagé par beaucoup, car certains, en tout cas à ce moment précis de leur vie, ne veulent pas, ne peuvent pas ou ne souhaitent pas avoir un autre poste que celui-ci. Certains aiment le contact avec les clients et font d'excellents vendeurs, alors qu'ils n'aiment pas la comptabilité et feraient des patrons effroyables. Tel ce chef de rayon en électronique qui, lorsque son patron a pris sa retraite, a voulu ouvrir une petite affaire : ses fournisseurs lui présentaient deux fois la même facture, qu'il honorait sans le voir et donc sans rechigner ; il faisait crédit à des clients qu'il ne revoyait plus. Il ne discernait pas comptes personnels et comptes professionnels… Très gentil, mais très mauvais gestionnaire.

C'est ainsi, il faut accepter que chacun ne puisse pas être interchangeable et que chacun n'ait donc pas vocation à être patron. Alors, et alors seulement, en prenant vos collaborateurs pour ce qu'ils sont, et pas pour ce que vous pensez qu'ils devraient être, vous pourrez cesser de vous agacer après eux, de les faire travailler en fonction de leurs capacités et de leurs compétences (encore une fois, pas en fonction de ce que vous pensez qu'ils devraient avoir comme compétences) et cela fonctionnera au mieux pour tous.

CHAPITRE 16

ILS TIRENT AU FLANC

Gabrielle est chef de projet dans un cabinet de conseil en management. Avec son équipe, elle termine la rédaction d'un appel d'offres. Le courrier doit partir le soir même faute de quoi le délai sera dépassé. Il est 21h lorsque le dossier est enfin bouclé. Elle demande à Didier, l'un de ses collaborateurs, de se rendre à la Poste du Louvre, ouverte toute la nuit pour être bien sûre que le cachet sera apposé à temps sur l'enveloppe. Il refuse arguant qu'il a un dîner auquel il est déjà en retard. Furieuse, Gabrielle le fait à sa place : « *moi aussi j'étais pressée de rentrer chez moi, mon mari m'attendait, et comme j'habite en banlieue, le temps de rentrer, mon petit garçon dormirait ! Je me doute bien que son histoire d'invitation est un bobard ; alors qu'il habite Paris, c'était plus facile pour lui que pour moi ; il tire vraiment au flanc.* »

On pourrait effectivement dire que Didier tire au flanc ; encore que rester jusqu'à 21h pour boucler un dossier, ce n'est pas forcément ne pas être impliqué. Certes il ne l'est pas au même degré. Pour Gabrielle, c'est son projet qu'elle doit gagner ; pour Didier, c'en est un parmi d'autres. De plus, il nous dirait que

Gabrielle manque d'organisation pour s'être laissé prendre ainsi par le temps. « *Aller à la Poste, ça ne m'amuse pas plus que cela, mais je l'aurais fait si ce n'avait pas été si tard. Elle nous oblige à rester le soir, et en plus elle voudrait que j'aille réparer son erreur. Ce n'est peut-être pas très sympa, car elle habite loin, mais c'est finalement de son ressort : elle est chef et pas moi.* »

Question de motivation : Gabrielle a extrapolé que son équipe était aussi motivée qu'elle, et par les mêmes aspects du projet, ce qui n'est pas le cas.

La motivation

La motivation est ce petit quelque chose qui fait que vous arrivez à mener à bien une tâche que vous avez à faire. Les facteurs de motivation peuvent être très nombreux. Ils varient bien évidemment d'une personne à l'autre, mais également d'une situation à l'autre. Ils peuvent être d'ordre général, s'apparentant à vos valeurs propres : l'argent, le pouvoir, la prise de responsabilités, l'accomplissement intellectuel, une meilleure connaissance d'un secteur, la reconnaissance sociale, la qualité de la vie, la possibilité d'apprendre quelque chose, la réalisation de projets motivants, le fait de mener une vie de famille épanouie... Ils peuvent également être plus ponctuels : la peur de la contravention sur la route, la peur du redressement financier, le besoin d'être recadré dans son travail, le besoin d'avoir des objectifs clairs et bien définis, l'envie de ne pas prendre de responsabilités, le désir de bien faire son travail, l'envie de faire plaisir...

On peut également distinguer la motivation interne et la motivation externe, qui sont plus les facteurs à l'œuvre en entreprise. La première correspond à l'intérêt que l'on porte à la tâche pour elle-même, c'est la curiosité, le plaisir de réaliser l'activité en soi, les moyens dont vous disposez pour la réaliser, quand la seconde regroupe plus des raisons qui vont au-delà de la tâche elle-même et vise le désir de l'atteindre sans se préoccuper des moyens nécessaires.

Un équilibre est nécessaire entre tous ces facteurs : en effet, imaginons que vous soyez focalisé sur la fin visée (motivation externe), vous risquez de ne pas savoir comment l'atteindre, et donc de vous démotiver ; à l'inverse si vous n'êtes préoccupé que par les moyens (motivation interne), vous risquez de perdre l'objectif de vue, et de vous perdre dans des procédures inutiles.

Identifier vos facteurs de motivation et ceux de vos collaborateurs vous permettra d'y adapter vos attitudes et ainsi de renforcer l'efficacité de chacun.

CHAPITRE 17

ILS BAYENT AUX CORNEILLES

Hugo dirige le service communication interne d'un des pôles d'une entreprise alimentaire. Il peste après Justine qui passe son temps à faire autre chose que son travail. « *Lorsque j'ai besoin d'elle, il faut que je la cherche partout, à la cafétéria, dans un autre bureau où elle s'est isolée avec son portable. Une fois j'ai même dû envoyer mon assistante la chercher aux toilettes. C'est infernal ! Et quand elle est dans son bureau, elle téléphone ou écoute de la musique.* »

Je comprends que pour un directeur, ce soit horripilant de courir après ses collaborateurs. Mais pour un collaborateur, ce ne l'est pas moins de se faire « sortir » des toilettes. Car, en faisant préciser les choses à Hugo, il a accepté de donner un ordinateur portable à Justine, justement pour qu'elle puisse s'isoler lorsqu'elle en avait besoin. Premier point. Deuxième point, elle ne compte pas son temps, restant parfois tard le soir, car elle préfère ne pas être dérangée pour rédiger ses brochures et ses plaquettes. Troisième point : son travail est toujours fait dans les temps, et bien fait.

Alors ? Ce qui gène Hugo est moins la manière dont Justine travaille que l'interprétation qu'il en fait : pour lui, travailler implique de rester à son bureau, de se concentrer et d'être disponible lorsqu'il a besoin de la joindre. À l'inverse, se promener dans les étages, faire des pauses ostensibles (celles d'Hugo se font dans son bureau ou avec ses *alter ego* et sont moins visibles car participant de son poste) et écouter de la musique ne peut être productif.

Nous avons chacun un environnement favorable. Certains voient leur efficacité croître lorsqu'ils sont sous pression alors que, pour d'autres, ce sera le contraire. Certaines personnes travaillent ainsi mieux dans un environnement contraint, c'est-à-dire avec des échéances fixes plutôt qu'à dates libres. De même, certaines personnes sont particulièrement efficaces en s'isolant afin de traiter d'un coup un dossier qu'elles ont à terminer, alors que pour d'autres, le même résultat sera atteint en effectuant une autre activité.

À vous de connaître le contexte qui vous correspond le mieux et de vous arranger pour le trouver, quitte, le cas échéant, à modifier votre environnement.

Pour Justine, l'important est de faire le travail qui lui est demandé, quelle que soit la manière qu'elle utilise. Et elle est visiblement efficace… à sa manière. Récapitulons : elle sait ce qu'elle a à faire, et le garde dans un coin de sa tête ; elle échange des informations avec ses collègues, sur ce sujet ou d'autres ; une fois sa réflexion terminée, elle s'isole avec son portable et rédige son document. En somme tout se passe, pour elle, comme si elle réfléchissait sans réfléchir.

Réfléchir sans réfléchir

La concentration est cette capacité que nous avons à mobiliser notre attention sur un sujet donné. Cela implique que lorsque nous cessons de nous concentrer, nous avons atteint un but : acquérir des informations, apprendre un cours, traiter un dossier…

Ainsi, la première question à se poser est : ai-je atteint mon objectif ? Si la réponse est « oui », ce qui est souvent le cas, regardez de quelle manière vous avez procédé.

Que vous portiez votre attention exclusivement sur ce que vous avez à faire, ou que vous ayez besoin de lever le nez régulièrement, vous parvenez au même résultat. La question est donc bien de vous observer afin de prendre conscience des processus par lesquels vous arrivez le mieux à faire ce que vous souhaitez. Cela vous permettra ainsi d'ajuster votre discours et d'éviter d'avoir une communication trop directive parce que les personnes que vous côtoyez ne travaillent pas de la même façon que vous.

Et surtout, ne culpabilisez plus si vous fonctionnez en bayant régulièrement aux corneilles, tant que vous faites ce que vous avez à faire. Que se passe-t-il alors lorsque vous bayez aux corneilles ? Soit vous venez de lire des informations et vous en consolidez la trace mnésique que vous venez de créer ; soit vous butez sur un problème, et le résolvez en ne pensant à rien.

Maintenant, comment faire pour vous forcer à vous concentrer, c'est-à-dire pour provoquer un raisonnement à la demande ? La première étape consiste à récolter les informations nécessaires. La seconde consiste à les assembler. N'oubliez pas que le traitement des informations peut se dérouler en parallèle, ce qui veut dire plusieurs choses en même temps. Et c'est bien ce phénomène qu'il s'agit de provoquer. La meilleure manière de procéder consiste alors à faire autre chose, le temps de laisser mûrir votre réflexion à votre insu. Lorsque vous vous sentirez prêt, vous n'aurez plus qu'à prendre votre papier et votre crayon, et tout votre dossier se construira d'une traite.

Vous pouvez également regarder voler les mouches pendant quelque temps. Le résultat est identique. Souvenez-vous lorsque vous étiez étudiant : ne vous êtes-vous pas surpris, en examen, à lire votre sujet, puis ne rien faire pendant quinze à vingt minutes ? Évidemment si. Là, vous regardiez vos voisins qui avaient déjà « gratté » trois pages, il y a de grandes chances que vous ayez été déstabilisé. Sinon, c'est à ce moment que vous rédigiez votre devoir d'une traite et le terminiez avant tout le monde.

Vous pouvez aider votre réflexion en vous servant d'un système de Post-it® par lequel vous écrivez une idée sur chacun : vous n'avez plus ensuite qu'à les réorganiser pour construire votre plan.

Le même principe préside aux cartes mentales (*Mind map*®) dont le principe est d'organiser vos idées sur papier et de manière très visuelle. Voici, par exemple, une carte mentale que j'utilisais pour mon cours de master sur le management humain :

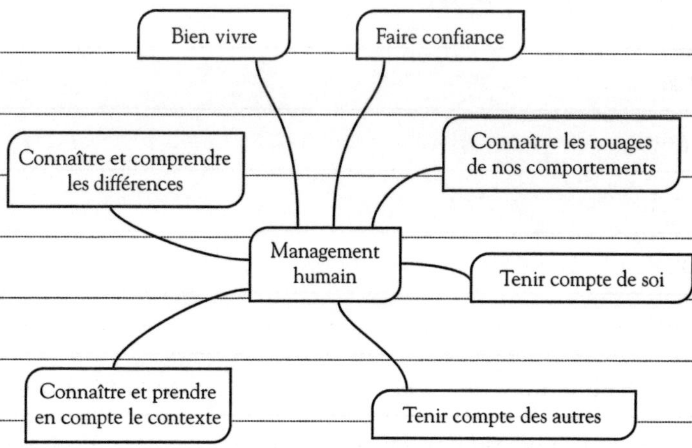

Chacune des branches était à son tour déclinée, afin de donner le contenu des différents chapitres.

Cela vous aidera dans votre réflexion, vous donnera un support visuel simple sur lequel vous appuyer en plus de rassurer vos collègues.

Enfin n'oubliez surtout pas de focaliser sur votre objectif et de vous rendre compte que, bon an, mal an, vous faites, à votre manière, ce que vous avez à faire.

CHAPITRE 18

Mes collaborateurs sont « je-m'en-foutistes »

Gilles travaille au service communication d'une entreprise d'assainissement. Il demande à Didier, son adjoint, de co-animer avec lui une réunion de travail avec leurs collaborateurs. Didier accepte et ils se partagent donc le travail. Ils se retrouvent avant le début de la réunion pour prendre connaissance de ce que l'autre a prévu de faire. Gilles a tout le canevas de la matinée rédigé et organisé de quart d'heure en quart d'heure. Ses interventions sont écrites et minutées. Didier n'a qu'un morceau de papier sur lequel sont portées quelques notes et il explique à Gilles ce qu'il a prévu de faire. La réunion commence et Gilles l'anime de bout en bout ne laissant Didier parler que quelques minutes par-ci, par-là. « *Comprenez-moi bien. Je trouve que Didier est quelqu'un de valeur, mais là, il se fiche du monde : arriver pour animer une réunion avec seulement un bout de papier et quelques mots jetés dessus, c'est vraiment je-m'en-foutiste au possible ! Surtout que ce n'est pas la première fois : à chaque réunion, c'est la même histoire. Un bout de papier avec quelques mots. Alors que moi, je m'escrime à tout préparer, à rédiger le plan de la réunion, les exercices à faire, les topos à expliquer... Un jour, j'ai craqué, et j'ai dit à Didier ce que j'en pensais. Figurez-vous qu'il est tombé des nues ! Et que lui aussi m'en voulait, de lui demander de préparer les réunions, ce qu'il faisait (dit-il) et qui lui demandait du temps (paraît-il) et de ne jamais le laisser faire ce qu'il avait prévu. Vous vous rendez compte ? En plus de ne rien fiche, il est inconscient ou alors il se moque de moi !* »

Évidemment, tous les deux ont raison : raison avec leur point de vue propre : Gilles, qui a besoin d'avoir un plan détaillé à suivre ainsi qu'un support reprenant sa présentation pour la suivre pas à pas, et Didier qui a tout dans la tête et qui n'a noté que les grandes idées, celles qu'il veut être sûr de ne pas oublier, qui construit sa présentation au fur et à mesure. En fait Gilles est simplement déstabilisé et anxieux quant à l'issue de la réunion. Il se projette dans le « *bout de papier* » et s'imagine que Didier n'a rien préparé. Ce qui est effectivement anxiogène. Ces manières de travailler ne posent pas de problème tant que chacun reste seul avec ses idées.

Gérer un dossier se fait de plusieurs manières

Cela peut paraître évident, mais tant que vous ne le gardez pas présent à l'esprit, ce peut être (comme dans l'exemple précédent) source de conflit.

En effet, ce qui importe (ou devrait importer) est d'atteindre le résultat demandé, quel que soit la manière d'y arriver. Oui, mais si votre chef vous voit bayer aux corneilles ou faire le tour du pâté de maison et que vous lui répondez « *Non chef, ne vous en faites pas, je suis en train de travailler* », il y a de grandes chances qu'il pense que vous vous fichez de lui.

Pourtant, aussi paradoxal que cela puisse paraître, travailler sans travailler est particulièrement efficace. Plutôt que de lancer votre cerveau sur un problème, un dossier ou n'importe quoi d'autre, en vous installant devant votre bureau en faisant le « penseur de Rodin », il est souvent plus efficace d'aller faire un tour pour le laisser réfléchir tranquillement. Vous reviendrez et il aura, tout seul en quelque sorte, trouvé la solution que vous cherchiez poussivement auparavant. (Il ne s'agit que d'une image, et en aucun cas de dédoublement de personnalité :

simplement d'un processus par lequel vous arrivez à lâcher prise plus facilement.)

La première étape est de rassembler toutes les informations dont vous pouvez avoir besoin. Puis, accorder consciemment votre priorité au projet concerné. Pendant que vous faites alors autre chose, vous êtes plus détendu et laissez libre cours aux processus automatiques de traitement des informations de votre cerveau. Nombre d'études ont montré que, lorsque nous laissons vagabonder nos pensées, nous sommes intellectuellement très actifs, et réfléchissons à des problèmes complexes. Cela a même été corroboré par la neuro-imagerie cérébrale.

Le langage étant la dernière étape du processus, se produit alors l'effet « *Eurêka !* » : vous avez réfléchi « à votre insu », et la conscience de la solution vous parvient tout à coup.

Prenez-en conscience afin, d'une part d'être vous-même plus à l'aise, mais surtout afin de pouvoir l'expliquer à vos collègues. Une fois qu'ils auront compris que vous êtes efficace, et que vous atteignez votre but, ils seront plus enclins à vous faire confiance et à vous laisser faire.

CHAPITRE 19

JE N'AIME PAS LES PLANS DE CARRIÈRE

Amélie travaille dans un cabinet de conseil en ressources humaines. Elle est formatrice, chargée des séminaires de développement personnel. Elle adore son travail, construire ses interventions, réfléchir à leur contenu, organiser les séminaires et les animer. Elle est depuis deux ans dans cette entreprise, et a auparavant occupé le même poste dans une autre entreprise. « *C'est la même histoire que la dernière fois : je suis acculée. Je n'ai plus d'autre choix que de devenir associée. Chaque semaine, l'associé principal me presse et me demande quand je vais me décider. Je louvoie en prétextant les formations en cours, que personne ne connaît mes dossiers… Mais il n'est pas dupe. Il pense que je veux faire monter les enchères, alors que le poste ne m'intéresse tout simplement pas. Une fois associée, mon métier ne sera plus le même, en résumé, ce sera de la paperasse, de la gestion et du commerce : tout ce que je déteste. Quant aux contacts avec mes "élèves", je n'en aurai plus. Alors je suis coincée. La logique de ma profession est celle-là : à 38 ans, je dois devenir associée, sinon je végèterai ! Mais je ne me vois pas faire ça pendant les vingt prochaines années !* »

Clément tient le même genre de propos. Il est avocat international dans un grand cabinet. Son profil particulier le fait muter au bureau de Montréal. Comme il s'agit d'un petit bureau, il ne peut, de fait, se cantonner dans une spécialité plutôt qu'une autre. Cependant, au siège de l'entreprise, les avocats ne sont plus censés être pluridisciplinaires : ils sont affectés à un département et un seul. Aussi, lors de son retour à Paris, Clément rejoint-il le pôle contentieux. Ayant apprécié son travail, ses chefs le nomment associé et lui promettent la direction de sa division d'ici peu. « *Je sais bien qu'à mon âge, peu ont eu mon parcours, et nombreux sont ceux qui m'envient. De l'extérieur, tout va bien : j'ai une reconnaissance sociale importante, un salaire conséquent, un train de vie de même… Mais cela ne me convient pas. Je suis plutôt touche-à-tout. Alors ne m'occuper que d'un domaine particulier et je sais que je vais finir par craquer. Je ne serai pas performant. Alors que si on me donnait les dossiers épineux, ceux dont personne ne veut car ils ne rentrent justement pas dans une case donnée, là, je sais que je m'épanouirai. Mais l'organisation d'un cabinet d'avocats ne le permet pas. Je suis obligée d'accepter cette évolution et de végéter pour le restant de ma carrière. Oh bien sûr, j'ai déjà pensé à me diversifier et je donne des cours, j'anime des séminaires, j'écris des articles… mais ça ne suffit pas.* »

Pour Clément comme pour Amélie, le plan de carrière prédéterminé selon le corps de métier auquel ils appartiennent ne leur convient pas. L'un comme l'autre envisage de se mettre à son compte pour pallier cet inconvénient. Est-ce à dire qu'ils sont inadaptés au monde du travail ? Ou que le monde du travail est inadapté ? En tout état de cause, il y a inadéquation. Mais inadéquation qui ne devrait pas imposer un départ forcé. On pourrait bien imaginer que Clément puisse créer un pôle « dossiers inclassables » et que cela fonctionne. Comme on pourrait bien imaginer qu'Amélie devienne effectivement associée et prenne la direction d'une division chargée de « monter » les séminaires plutôt que d'avoir uniquement des responsabilités administratives. Pourquoi ni l'un, ni l'autre ne l'obtiennent-ils pas ? Entre autres raisons car ils sont persuadés de l'irréalisme de cette idée. Pourtant, chacun a sa propre ambition et doit pouvoir l'exprimer de la façon qui lui convient.

À chacun son ambition

Si effectivement certains démarrent leur carrière en sachant comment ils veulent la terminer, en ayant un plan de carrière précis, pour certains l'exercice qui consiste à se projeter dans cinq ans et dans dix ans est impossible.

Certains roulent sur des rails, tel Bernard qui a démarré, au sortir de son école de commerce comme chargé de marketing, qui a continué directeur marketing, directeur adjoint puis PDG. D'autres sont capables de saisir diverses opportunités lorsqu'elles se présentent, sont capables de travailler dans différents domaines, car ils possèdent des compétences et un don d'adaptation qui le leur permettent. Ce n'est pas un manque d'ambition, mais une ambition différente, et chacun des deux cas de figure est aussi respectable que l'autre.

Cependant l'influence sociale a tendance à contraindre les salariés à adopter le plan de carrière linéaire. Si bien que lorsqu'il ne leur convient pas, au lieu de se dire quelque chose du genre « mon ambition est différente et mes atouts sont autres », ils se sentent décalés, voire diminués et dévalorisés, et n'osent plus[1] présenter leurs idées et tout mettre en œuvre pour les réaliser.

Évidemment la voie du plus petit nombre est toujours la plus difficile, mais elle n'est pas irréalisable. Que vous soyez adepte « des rails » ou non, prenez conscience des différences chez vous et chez les autres et acceptez que la différence, tant qu'elle permet d'atteindre le résultat est, au contraire, source d'enrichissement.

C'est ainsi que Céline, chargée de formation au début de sa carrière dirige aujourd'hui le pôle « séminaires à la carte » d'un organisme de formation professionnelle. Sa carrière n'a pas été du tout linéaire : partie aux États-Unis pendant plusieurs années, elle a enchaîné avec un poste en Italie et est revenue en France la mort dans l'âme, persuadée qu'elle allait s'étioler. Elle a su défendre son projet, sa personnalité et son ambition auprès de son premier PDG et réussir à le mener à bien. Elle a eu conscience de sa différence par rapport aux autres et a ainsi pu présenter les choses en tenant compte de la personnalité de son interlocuteur, sans chercher à rentrer dans un moule qui ne lui correspondait pas. Ce faisant, elle a mis tous les atouts de son côté.

1. *Je suis réductrice, mais c'est malgré tout le cheminement qui se déroule.*

(INTERLUDE 4)

Acceptation de soi et des autres

Nous sommes tous différents. Nous le savons, théoriquement, mais ne le vivons pas forcément quotidiennement. En effet, nous avons tous tendance à considérer que l'autre fonctionne à l'identique de nous, qu'il va partager les mêmes valeurs, les mêmes envies, les mêmes plaisirs, les mêmes talents. Le dire met immédiatement en lumière l'irréalisme d'un tel postulat. Et pourtant ! Que faisons-nous, tous, lorsque nous nous mettons en colère contre un collaborateur qui n'a pas fait son travail comme nous aurions souhaité qu'il le fasse ? Nous projetons sur lui la manière de travailler que nous considérons être la bonne, la nôtre. Nous oublions ainsi que nous sommes tous différents, mais égaux.

Tous les êtres humains sont égaux en valeur

Nous avons tous tendance à nous attribuer une valeur globale, à nous juger « bon » ou « mauvais », à raisonner en termes de réussite et d'échec, à considérer que nous sommes performants ou que nous ne sommes pas à la hauteur. Cette valeur ne devrait qu'être ponctuelle, puisque nous nous l'attribuons en fonction de nos résultats ou des circonstances. Elle est foncièrement dévalorisante et surtout pas le reflet de la réalité.

Une femme me disait un jour « *je suis une grosse bouse !* » En vertu de quoi s'attribuait-elle ce qualificatif ? Car elle était arrivée en retard à notre rendez-vous ! Vous serez d'accord que se parler ainsi ne peut pas l'aider. Bien au contraire. Si elle a commis une erreur, celle-ci n'est que circonstancielle et non pas le reflet de sa personnalité dans son ensemble.

Aussi, il est plus confortable et plus réaliste, de s'accepter en tant que personne fondamentalement positive, et de ne s'attribuer des qualificatifs et des jugements de valeur qu'en fonction des situations, de noter seulement les (quelques) aspects négatifs de nous-même, de notre style de vie, de nos comportements… De même pour les autres.

L'acceptation de soi et des autres est ainsi la capacité d'admettre que nous sommes tous égaux en valeur, mais inégaux du point de vue de certains aspects particuliers. Vous pouvez être une très bonne cuisinière, mais une très mauvaise organisatrice, alors que votre voisine sait bien organiser les choses mais ne cuisine pas ; vous pouvez être très bon conducteur, mais très mauvais bricoleur, et ce sera l'inverse pour votre frère… Tous sont des personnes intéressantes, mais qui ne présentent ni les mêmes talents, ni les mêmes intérêts, ni les mêmes valeurs.

Nous sommes souvent trop marqués par l'influence sociale, qui prône comme règle la loi du plus grand nombre. Nous sommes de même souvent trop attachés à certaines valeurs qui sont prisées dans notre société occidentale, comme la richesse et le statut social par exemple. Ceci implique alors dans notre système de valeurs que tous les individus qui sont bien pourvus soient supérieurs. C'est en même temps une valeur prônée par les médias, mais qui ne reflète pas la réalité.

Dans le même temps, nous sommes peu enclins à accorder une grande valeur à des caractéristiques intrinsèques de nos personnalités (générosité, sens des responsabilités, par exemple). Accorder trop de place à des conditions externes vous fait vous ressentir inférieur ; en accorder trop à des conditions internes vous fait vous ressentir supérieur. L'équilibre est bien évidemment dans le milieu.

Voici quelques critères communs de jugement de soi et des autres :

- Études et diplômes
- Situation ou réussite professionnelle
- Créativité, talents artistiques
- Origines ethniques
- Notoriété
- Milieu familial
- Intelligence
- Santé mentale
- Compétence parentale
- Beauté physique, charme
- Handicap physique
- Santé physique
- Qualités relationnelles
- Pratique religieuse
- Aisance en société
- Vie maritale ou célibataire
- Situation ou statut socio-économique
- Biens matériels, patrimoine.

Posez-vous et réfléchissez un instant à ceux qui vous sont importants, à ceux que vous valorisez, que vous appréciez chez les autres. Cela vous permettra de sortir d'une valeur globale de vous et des autres.

Au lieu de vous juger et de juger les autres de façon globale en attribuant une étiquette dévalorisante et déplacée, ne jugez que les actes ainsi que chaque aspect, très précis, qui vous déplaît. N'oubliez pas enfin que les mauvais comportements sont le reflet de notre souffrance intérieure.

S'accommoder de la faillibilité humaine

Comme nous l'avons dit, la souffrance peut être à l'origine de mauvaises pensées, et de comportements inappropriés.

Acceptez que vos congénères ne soient pas parfaits, mais qu'ils soient faillibles, qu'ils puissent vous décevoir, c'est-à-dire adopter à un moment donné un comportement qui vous déplaise, mais qui n'est que ponctuel, et pour lequel il y a une explication, non pas contre vous, mais par rapport à la personne qui est face à vous.

Acceptez de même que les erreurs participent de la vie. Vous êtes un humain faillible, il est donc inévitable que vous ne soyez pas parfait. Au lieu de vous rabaisser, d'avoir honte de vous et d'exiger des autres la même performance irréaliste, prenez conscience que les erreurs sont le reflet de votre volonté de progresser. Il s'agit de l'accepter pour avancer, non pas de s'y résigner en baissant les bras ; car, et nous l'avons déjà dit, les erreurs constituent l'un des modes d'apprentissage essentiels.

Acceptez ainsi de vous remettre en question, non pas fondamentalement, mais sur des points précis que vous pouvez améliorer.

Utilisez le même principe avec les autres pour les aider à avancer. Mais, attention, tous n'ont pas la même ambition, et tous ne souhaitent pas progresser, du tout, ou pas maintenant. Respectez leur choix, mais ne vous retenez pas de leur prodiguer vos conseils, sans attendre qu'ils se comportent alors comme vous vous comporteriez. Encore une fois, acceptez-les pour ce qu'ils sont, ce qu'ils peuvent et savent faire, et ce qu'ils peuvent vous apporter.

CHAPITRE 20

JE NE SUIS PAS RECONNU À MA JUSTE VALEUR

Romain est directeur financier d'une entreprise de textile. Il est apprécié de tous et travaille main dans la main avec le PDG et la DRH. Il est efficace et très professionnel. Lorsque le directeur général adjoint prend sa retraite, il me dit que le poste va lui revenir, car il est son « *fils spirituel* ». Or, lorsque je le revois quelques semaines plus tard, c'est à la DRH qu'on a proposé le poste. Romain ne comprend pas : « *J'ai toutes les compétences pour faire ce travail. Je sais que je serai un bon DGA. Caroline est brillante, mais elle est moins professionnelle que moi. Elle ne connaît rien à la finance, ce qui est fondamental pour ce type de responsabilités, et elle est surtout axée relationnel.* »

Justin est cuisinier dans le restaurant étoilé d'un hôtel. De même que Romain, il est apprécié du chef. Lorsque celui-ci décide de monter son propre restaurant, il ne propose pas à Justin de l'accompagner, alors qu'il l'a demandé à certains autres. Justin est vexé, frustré et en veut au chef : « *Il le voit bien que je m'entends bien avec lui et que j'aurais aimé l'accompagner. Pourtant il ne m'a rien proposé : il a dû jouer la comédie, et en fait il n'apprécie pas mon travail.* »

À la question basique « *Avez-vous dit, l'un à votre PDG, l'autre à votre chef, que vous auriez souhaité ce nouveau poste ?* », mes deux messieurs de me regarder avec des yeux ronds en me répondant : « *Non, bien sûr, mais c'est évident !* » En réalité, ce n'est pas si évident que cela, et même pas du tout car l'ambition de l'un n'est pas celle de l'autre !

Et, comme je l'ai déjà dit, lorsque l'on gagne en responsabilités, on gagne en relationnel et on perd en technique. Ce que ni Justin ni Romain n'ont perçu. Ne le sachant pas, ils ont donc continué à faire leur travail, bien et même très bien, mais du seul aspect technique. Ce faisant, ils ont omis le principal pour évoluer : communiquer et tisser des liens.

Communiquer

Souvent les gens me disent que communiquer sur son travail revient à faire le « *lèche-bottes* ». Il n'en est rien. Il s'agit avant tout de dire ce que vous faites, afin que les autres le sachent et puissent, justement, reconnaître votre travail à sa juste valeur. Point n'est besoin d'en faire trop. Tenir des propos du genre « *Aujourd'hui je suis content, j'ai terminé le dossier truc qui me préoccupait* », ou alors « *J'ai été plus rapide sur l'élaboration de tel dessert* ».

La deuxième chose est de dire que vous aimeriez évoluer, et dans quelle direction : tant que vous ne dites rien, votre hiérarchie ne peut pas le savoir. En effet tous les collaborateurs n'ont pas envie d'évoluer et tous n'ont pas vocation à être patron. Certains sont bien à leur poste et ne souhaitent rien d'autre.

Alors, si vous avez envie d'obtenir de l'avancement, n'hésitez pas à le dire. Cela vous évitera des frustrations comme celles de Justin et de Romain.

Enfin, la dernière des choses est de tisser des liens, de faire du relationnel : c'est aux gens que l'on connaît, que l'on apprécie et dont on aime la compagnie que l'on a envie de confier de nouvelles responsabilités et avec qui on a envie de travailler. Ceux qui « restent dans leur coin », aussi professionnels et efficaces soient-ils, ont moins de chances d'évoluer. Peut-être trouvez-vous cela injuste (et nous en reparlerons dans le chapitre 23), mais c'est ainsi.

Aussi est-ce à vous de vous adapter et de faire ce qu'il faut pour qu'enfin votre travail soit reconnu. Il s'agit juste d'un pli à prendre, et vous en verrez les effets positifs très rapidement.

CHAPITRE 21

LES AUTRES M'IGNORENT

Christelle est chargée de clientèle dans une entreprise spécialisée en produits d'accompagnement médical (béquilles…). Elle a pris son poste quelques semaines auparavant. « *Lorsque je suis arrivée, mon chef m'a installée à mon bureau et m'a souhaité une bonne journée. Nous sommes dans une sorte d'*open space. *De ce fait, je vois bien quand les autres filles vont boire un café. Elles m'ignorent et font comme si je n'existais pas. De même pour le déjeuner. Elles ne se demandent même pas si ça me ferait plaisir d'aller déjeuner avec elles. Bref, je suis transparente !* »

Jean est juriste dans une PME d'une dizaine de personnes, spécialisée en produits électroniques. Le midi, il voit ses collègues passer d'un bureau à l'autre en se demandant mutuellement où ils vont aller déjeuner. Mais ils ne lui posent pas la question. Il se sent exclu, et en développe un sentiment de dévalorisation. Alors que, le reste de la journée, il s'entend bien avec tout le monde, plaisantant et rendant service.

Abdel est traducteur. Son service n'est composé que de deux personnes, mais il est en contact avec les ingénieurs de l'entreprise pour qui il réalise ses traductions. De même, il se sent isolé, seul et rejeté, car personne parmi ses collègues ne vient le solliciter.

Je pourrais continuer longtemps, car la liste des exemples est longue.

Que se passe-t-il en fait pour ces trois personnes ?

Le service d'Abdel est à part dans une entreprise d'ingénieurs. Dans tous les sens du terme : à part de par son métier, et à part de par la localisation (son bureau est dans un autre bâtiment que celui des personnes avec qui il est en contact). Il est dès lors logique que ses collègues ne pensent pas à lui lorsqu'ils font une pause, ou lorsqu'ils vont déjeuner. À lui donc d'être proactif et de les solliciter. Ce à quoi il répond « *qu'ayant besoin de solitude, je n'aimerais pas déjeuner avec eux tous les jours* ». Il n'en reste pas moins que s'il ne veut pas être considéré comme un ermite, il se doit de garder le contact avec les autres.

Jean, lui, nous dit qu'habitant loin de son lieu de travail, il préfère déjeuner sur le pouce, afin de pouvoir partir tôt. En fait, ses collègues avaient l'habitude de lui proposer d'aller déjeuner avec eux, mais systématiquement il refusait afin de gagner du temps. Petit à petit, ils ont donc cessé de lui poser la question. De même que pour Abdel, c'est alors à lui de faire la démarche et de leur dire : « *Aujourd'hui, ça me ferait plaisir de venir déjeuner avec vous* ».

Quant à Christelle, lors de son arrivée dans l'entreprise, son chef aurait dû la présenter à ses collègues. Ce qu'il n'a pas fait. Il est vrai que c'est alors difficile de le faire seule, mais il n'y a pas d'autre solution. Ses collègues en fait ne l'ignorent pas, mais ne la connaissant pas, elles n'ont pas pris la peine de venir la trouver. De fil en aiguille, elle s'est renfermée. Se renfermant, les autres sont encore moins venues la trouver…

Au final, il est important pour tous de savoir aller discuter avec les uns et les autres : soit cela se fait spontanément, de par la proximité des bureaux par exemple, soit c'est à chacun d'aller solliciter ses collègues afin de ne pas se sentir seul. Cela n'implique pas qu'il faille systématiquement déjeuner avec ses collègues. Car nombre d'entre nous ont besoin d'une coupure à l'heure du déjeuner, seul et sans discussion de travail. Mais, dans un sens comme dans l'autre, que l'absolu ne devienne pas la règle.

Communication interne et communication externe

Il est fréquent que nous ne sachions comment aborder l'autre. De par le contexte (nous sommes nouveau dans un service), de par sa position hiérarchique, de par ce que nous pensons qu'il va penser (il va me trouver inintéressant)… De ce fait, nous adaptons sans cesse notre position et notre discours à notre interlocuteur… que nous ne connaissons pas forcément. Il est une distinction que j'apprécie tout particulièrement, car elle aide à la connaissance et à la compréhension de « l'autre » : il s'agit de regarder si votre communication, et celle des autres, est plutôt sur un registre interne, ou sur un registre externe.

Vous pouvez avoir un mode de communication interne, auquel cas vous ne faites plus attention à votre propre jugement, à vos propres opinions et idées ou vous pouvez avoir une mode de communication externe qui vous portera à prêter plus d'attention au jugement, à l'opinion et aux idées des autres. Bien évidemment, nous ne sommes pas tout l'un ou tout l'autre, mais cela dépend des circonstances et des personnes avec qui nous dialoguons. Dans le premier cas, vous vous fiez à vous et vous défiez plutôt de ce que peuvent penser les autres. Cela peut vous conduire à ne pas écouter vos interlocuteurs plus que cela, voire à ignorer ce qu'ils peuvent vous dire. Dans le second, vous vous fiez plus aux autres, ce qui peut vous conduire à ne pas tenir compte suffisamment de vous et de votre opinion.

Observez-vous et observez les autres, afin de savoir comment ils communiquent. Cela vous permettra ensuite d'adapter votre propre discours.

Quelques phrases clefs qui peuvent vous aider :

- Face à quelqu'un de plutôt externe, utilisez des phrases du genre : « *Le consensus général est...* » ; « *Des milliers de personnes utilisent déjà XXX.* » ; « *Nos amis Choses ont acheter le dernier gadget.* » ; « *Les recherches montrent que...* » Vous vous appuyez ainsi sur ce qui est important pour eux (l'opinion des autres).
- Pour quelqu'un de plutôt interne, il vaut mieux : « *Au final, toi seul peut savoir* » ; « *Juge par toi-même* » ; « *Pèse le pour et le contre* » ; « *La décision t'appartient...* » Vous vous adaptez ainsi aux personnes que vous rencontrez, ce qui vous permet de mener une conversation de manière beaucoup plus agréable.

CHAPITRE 22

MES COLLABORATEURS NE FICHENT RIEN

Jocelyne est directrice des études dans un groupe international de comptabilité. Pour la réunion semestrielle du groupe, elle demande à Clara, chargée de projet, de faire une présentation sur l'avancement de l'étude des discriminations au travail qu'elle mène dans tous les pays où le groupe est implanté. Cette réunion se tient trois mois plus tard. Précisons que Clara est basée à Paris, alors que Jocelyne est aux Pays-Bas. Une semaine avant le jour dit, Jocelyne ne sait pas en quoi consistera la présentation. « *Voilà, encore un exemple où on ne peut pas compter sur ses collaborateurs : je lui ai demandé ce travail il y a trois mois, et là, à deux doigts de la fin, elle n'a encore rien fait. Comme d'habitude, il va falloir que je m'y colle, et ça va donner une présentation approximative car, n'ayant pas travaillé sur le dossier, je n'ai que des informations partielles !* » Trois jours avant la réunion, elle entre dans le bureau de Clara, lui remet une présentation sommaire d'environ dix diapos et lui demande de l'étoffer.

Prenons maintenant l'exemple de Philippe, directeur informatique, et de Julien, chef de projet, son subordonné. Philippe s'agace de ce que Julien ne fasse rien. « *Il a des tâches à mener à bien, et il ne fait tellement rien, que je passe mon temps derrière lui à vérifier où il en est. Comme ce n'est pas mon rôle, je lui ai demandé de tenir une grille de* reporting *: il doit noter, heure par heure, ce qu'il fait, me le donner, et nous en parlons ensemble. Avouez que je devrais avoir autre chose à faire. Mais je pense qu'il a des qualités et qu'il est compétent, alors je veux bien l'aider à progresser.* »

Si nous lisons entre les lignes, aussi bien Jocelyne que Philippe se plaignent de ne pas savoir comment leurs collaborateurs utilisent leur temps. En fait, ils ne savent pas si le travail sera fait en temps et en heure : ils le pensent mais n'en ont pas de certitude. Pourquoi ? Car leurs collaborateurs ne leur en ont rien dit, et qu'eux-mêmes n'ont pas vraiment cherché à le savoir. Pour eux, absence de communication équivaut à absence de travail. Ce qui peut être le cas, mais pas forcément. Il est possible que leurs collaborateurs soient juste suffisamment autonomes pour faire leur travail sans avoir jamais pensé qu'il leur était nécessaire d'en parler.

Autonomie et visibilité

Être autonome revient à être capable de faire son travail seul, le cas échéant en allant chercher les informations qui manquent. Un collaborateur autonome ne viendra donc pas questionner son chef sur les tenants et aboutissants du dossier qu'il a à traiter, pas plus qu'il ne viendra le solliciter pour lui demander des informations, non plus que pour valider avec lui s'il avance dans la bonne direction. En ce sens, il sera à peu près invisible sur le dossier en question, n'en parlant qu'au terme de son travail pour la validation finale. Cela dénote donc chez lui une grande confiance dans ses capacités et une grande expérience des domaines de compétences. Ceci est à l'opposé des collaborateurs qui ne communiquent pas sur leur travail car ne ils ne l'ont pas avancé. C'est à ces derniers que pensent nos managers des deux exemples précédents.

Comment alors faire la distinction ? Dans le second cas, nous avons à faire à des collaborateurs qui ont l'habitude de communiquer sur leur travail. S'ils ne le font pas sur un sujet donné, on peut légitimement se dire qu'ils n'ont pas avancé. Dans le premier cas, ce sont des collaborateurs qui n'exposent jamais l'avancement de leur travail (ce pourquoi Philippe pense que Julien ne travaille pas). Afin de trancher entre un cas et l'autre, regardez « l'histoire » de vos collaborateurs : sont-ils habituellement fiables ? Rendent-ils leur travail à temps ? Leur travail est-il pertinent et de qualité ? Si la réponse est « oui », vous pouvez leur faire confiance, ils seront des collaborateurs fiables, même s'ils ne vous disent rien de l'avancement de leurs dossiers.

CHAPITRE 23

MON CHEF NE ME FAIT PAS CONFIANCE

Reprenons les deux exemples précédents, mais du point de vue des collaborateurs. Voici ce que dit Julien : « *Mon chef ne me fait tellement pas confiance qu'il m'a imposé un système idiot de* reporting *quotidien. Il me demande de noter heure par heure ce que je fais ! C'est autant de temps perdu sur mes projets. Autant de temps qu'il me faut rattraper le soir quand il est parti. En plus, ça fausse la donne, car après, il faut que je trafique mon planning pour que ça corresponde à ce qu'il attend. C'est vraiment du grand n'importe quoi. Il serait si simple de me laisser travailler dans mon coin, et de me faire confiance.* »

Quant à Clara, elle est furieuse devant le manque de confiance de son chef à son égard. Devant son ingérence dans son travail, et devant son incompétence : « *Ce dossier, c'est le mien depuis des mois et des mois. Vous imaginez bien que mener une étude sur les discriminations au travail, ce n'est pas simple : les gens considèrent que ce n'est pas important car ce n'est pas leur travail au quotidien, alors ils ne prennent pas le temps de répondre. En plus il a fallu trouver des questions qui puissent correspondre à tous les pays, et coordonner leurs réponses. C'est un boulot énorme dont ma chef ne s'est jamais préoccupée. Elle n'est pas formée aux études de marché, et en plus nous ne sommes pas dans le même pays. Tout ça pour dire que vraiment, c'est mon dossier. Alors vous imaginez ce que j'ai ressenti lorsqu'elle a déboulé dans mon bureau en me disant "tiens, voici les transparents pour la réunion", alors que j'avais quasiment terminé. Vous vous rendez compte qu'il a fallu que j'intègre à ma présentation des informations fausses ou partielles !* »

C'est toujours intéressant d'avoir les deux points de vue. En effet, pour les deux managers, une absence de communication revient à un non-travail ; alors que pour les deux chefs de projets, leur silence équivaut au signe qu'ils avancent : s'ils avaient rencontré un problème, c'est là qu'ils seraient venus solliciter leur chef. L'intervention de leurs managers est alors vécue comme une immixtion dans leur travail et surtout, un manque de confiance à leur égard. En résulteront des relations, au mieux tendues, au pire conflictuelles. Finalement, ces deux situations, tendues des deux côtés, aurait pu être évitées par une meilleure communication entre les personnes : le chef en demandant où en étaient leurs subordonnés, les collaborateurs en les tenant informés de l'avancement de leur travail.

Communiquer sur l'avancement de son travail

Si vous vous retrouvez dans les exemples précédents, c'est que comme Julien et Clara lorsque l'on vous demande de mener à bien un travail, il est évident que vous allez le mener jusqu'au bout, et comme vous êtes plutôt autonome, vous ne dites rien, jusqu'à ce que tout soit terminé.

Prenez sur vous pour faire régulièrement un point sur votre avancement, sans que ce soit obligatoirement le reflet de la réalité : « *Je suis content, j'avance bien sur notre projet* » peut souvent suffire. Rien ne vous oblige à donner un état détaillé. Des généralités suffisent : « *Je vous informe que dans le projet X, je vais bientôt achever la deuxième phase* ».

Vous pouvez par ailleurs produire un plan cohérent, que vous ne suivrez pas forcément, mais qui se modifiera au fur et à mesure de la progression de votre réflexion. Cela rassurera les personnes avec qui vous travaillez, car dans leur logique, si vous ne dites rien, c'est que vous ne faites rien ou n'avez pas avancé. Ce qui est angoissant lorsqu'elles voient l'échéance approcher.

Vous pouvez également tirer parti de vos précédentes réussites et les rappeler à votre chef : « *Tu te souviens du projet X ? Je ne t'en ai rien dit, et je l'ai mené à bien. Alors fais-moi confiance, et ce sera pareil cette fois-ci* ».

Si vous prenez votre poste, ayez conscience que votre chef aura besoin que vous communiquiez sur votre travail. Prenez alors les devants, et prévenez-le : « *J'ai tendance à travailler sans parler de ce que je fais. En général, si je viens te trouver, ce n'est pas pour te dire où j'en suis, mais parce que je suis bloqué. Alors, comme je risque de ne pas y penser, n'hésite pas à me demander régulièrement où j'en suis si tu as besoin de le savoir.* »

Ce faisant, vous montrez que vous connaissez la règle du jeu (vous montrez de l'empathie vis-à-vis de votre chef), et vous donnez de l'information sur vous-même et la manière dont vous fonctionnez. Ainsi votre chef ne sera pas pris au dépourvu et sera plus facilement enclin à vous laisser faire.

CHAPITRE 24

Ce sont tous des hypocrites : ils n'ont que le profit en tête et cherchent à nous manipuler

Je me souviens d'un « chat » que j'animais sur Internet sur la manière de prendre la vie du bon côté. À un moment, une internaute m'interpelle sur le monde du travail et me demande : « *Comment faire quand vous n'êtes entouré que d'hypocrites et de manipulateurs qui vous mentent en permanence ?* ». Elle me bouscule même pour me faire acquiescer : « *Mais quand même, vous êtes bien d'accord, forcément, que ce sont tous des hypocrites !* » Ce que je n'ai pas dit non plus, car, d'une part, mon opinion personnelle n'entre pas en ligne de compte mais surtout qu'il ne s'agit que d'un point de vue. Ce à quoi je lui rétorquai : « *C'est vous qui le dites, c'est votre opinion, c'est un point de vue…* »

L'idée sous-jacente est que cette dame interprète les attitudes de ses collègues et de sa ligne hiérarchique et porte un jugement, en fonction de ses valeurs propres, de ce qu'elle attend de trouver dans un environnement au travail. Ainsi, dire « *ce sont tous des hypocrites* », que ce soit le cas ou non, ne l'aide pas à être mieux dans son travail. Bien au contraire. Se dire que dans le monde du travail, les gens adoptent une certaine attitude, qui consiste à ne pas toujours dire ce qu'ils pensent, pour des raisons politiques, de diplomatie, d'ambition, ou pour tout autre raison d'ailleurs, est plus réaliste. Il s'agit en somme, et comme nous l'avons déjà dit, de rester purement factuel, descriptif et de ne pas entrer dans des jugements de valeur, ni dans l'étiquetage.

Nous sommes dans une société qui se trouve être une société de consommation. Si les règles sont en train de changer, il n'en demeure pas moins que, pour l'instant, elles sont encore celles du marketing, du commerce et du profit. Mes étudiants à qui je parlais d'un PDG qui m'avait expliqué avoir refusé que l'image de son entreprise soit véhiculée par les jeunes des quartiers ne comprenaient pas cette attitude : « *Cela lui faisait une pub gratuite, il n'avait rien besoin de faire, cela se faisait tout seul, et il en aurait vendu plein ! Le rêve de tout patron.* » Non pas de tous, car ce patron-là n'avait pas besoin de vendre plus. Ce qu'il souhaitait surtout c'était vendre différemment et instaurer une culture d'entreprise différente, basée sur le management humain et pas sur le management traditionnel. Évidemment, l'un de ses concurrents a sauté sur l'aubaine.

Tout ça pour dire que chaque entreprise véhicule des valeurs ainsi qu'une culture propres, ce que j'appelle la règle du jeu. L'ignorer, ou en considérer une qui soit erronée, faussera votre interprétation de la réalité.

La règle du jeu

Chaque entreprise montre une culture qui lui est propre, recouvrant les valeurs de ses dirigeants. En résulte un certain nombre de codes, la plupart du temps non-dits. Ces codes recouvrent des champs aussi différents que les codes vestimentaires, les règles de conduite, ou encore les règles imposées par la société de marché de notre vie contemporaine.

Je ne me lancerai pas dans des considérations sociologiques ou économistes, mais aucune entreprise n'est altruiste, en tout cas pas totalement, sinon, à ne pas jouer le jeu de l'économie de marché, elle péricliterait inéluctablement. Cela fait partie de la donne : c'est ainsi. Il n'y a qu'à l'accepter ou à sortir du système.

Je prends souvent l'exemple des jeux de société : vous arrivez chez des amis et commencez à vous énerver. Le ton monte, vous vous disputez, arguez qu'ils n'y connaissent rien, et finissez en colère. Jusqu'à ce que vous preniez conscience que vous appliquez les règles du Cluedo®, alors que vos amis sont en train de jouer au Monopoly®, ce que vous n'aviez pas perçu ! Comme d'habitude, mon exemple est simpliste, mais il a l'avantage de poser les idées, car il en va de même dans le monde du travail : nombre de personnes intègrent une entreprise, ayant présentes à l'esprit leurs propres règles, reflets de leurs attentes, de leurs aspirations et de leurs valeurs propres. Ce faisant, elles oublient d'observer, de regarder la règle qui prévaut dans leur entreprise, voire elles l'occultent. Ainsi, elles ne peuvent être qu'en porte-à-faux, et donc jouer au Cluedo® lorsque tous jouent au Monopoly® !

Ne nous voilons pas la face : ces règles tacites, ce mode d'emploi sont facilement lisibles, souvent même dans la description du poste, à l'entretien d'embauche. Au pire, ils sont compréhensibles durant la période d'essai. Je ne dis pas que, s'ils ne vous conviennent pas, il vous faut changer de poste. Je dis qu'il faut les avoir présents à l'esprit pour être capable de faire avec et de ne pas vous battre contre des moulins à vents. Pour cela, forcez-vous à rester descriptifs[1] et ne partez pas dans des interprétations qui sont le reflet de votre personnalité.

1. *Voir Interlude 1, page 31.*

CHAPITRE 25

ILS NE FONT PAS DE SENTIMENT

Thomas est manager dans une entreprise boursière dans laquelle un plan social est décidé. Certains de ceux qui partiront sont pour lui meilleurs professionnels que d'autres qui resteront : « *Ce n'est pas juste, je prends le cas de Clémentine : elle fait un excellent boulot, ne se plaint jamais, n'a jamais un mot plus haut que l'autre, ne fait que rarement, pour ne pas dire jamais de pauses, est toujours à son bureau, travaille encore et encore, et c'est elle qu'on licencie. Alors que David qui n'est pas mauvais, mais qui discute beaucoup avec tout le monde va rester ! Je ne comprends pas.* »

Lucille travaille aux ressources humaines d'un grand groupe alimentaire. Une des divisions lui demande de préparer le départ de Laura, dont ils souhaitent se séparer pour raisons économiques. Ils sont prêts à lui verser un peu plus que l'indemnité de base. Lucille, lors de son rendez-vous avec Laura, se rend compte qu'elle a plus besoin de garder sa voiture de fonction que des indemnités de licenciement : elle est mère divorcée d'une petite fille dont elle assure seule l'éducation. De plus, elle vit loin de la ville et une voiture est indispensable pour lui permettre de retrouver un emploi. Cependant le prix de la voiture de fonction est supérieur à l'indemnité proposée par les directeurs. Lucille fera des pieds et des mains et finira par avoir gain de cause.

Donald vient de créer son entreprise de communication sportive. Il a été épaulé par une marque de *sportswear*. Au bout de deux ans, il est content, son affaire marche bien. Pour l'associé, le bilan n'est pas assez bon, et l'entreprise décide de se retirer du partenariat. « *Je sais bien qu'ils ne font pas dans le sentiment, mais quand même. Ils ont proposé à deux de mes concurrents de les remplacer et de reprendre leurs parts. De me racheter en somme. Heureusement pour moi, ils ont refusé. Finalement, c'est moi qui vais racheter leurs actions. Je vais avoir du mal, mais je vais y arriver. Je savais que nous ne resterions pas partenaires* ad vitam aeternam, *mais je ne pensais pas que ça se terminerait si vite !* »

Par définition, une entreprise se doit de « faire du chiffre », c'est sa raison même d'exister et surtout de durer : la règle du jeu de l'économie de marché. Par contre, je voulais illustrer dans mes exemples précédents que cela dépend de la personnalité de chacun. À la place de Lucille, certains n'auraient pas étudié plus à fond le contexte de Laura et l'auraient licenciée avec les indemnités proposées. Elle aurait été par la suite dans l'embarras, mais ils auraient fait leur travail, bien, et n'avaient pas de responsabilité dans les événements ultérieurs. Quant à l'histoire de Thomas et de Clémence, nous retombons là sur la question de la règle du jeu (encore !) : par laquelle chacun se doit de faire reconnaître sa compétence et donc de la rendre visible. Oui, mais, certains le font, d'autres pas.

Question de personnalité et de sensibilité : certains sont plus sensibles, plus axés sur les sentiments, quand d'autres sont plus rationnels et axés sur le résultat.

Sentiment, idéalisme et rationalisme

Chaque situation que nous vivons présente un mélange de rationalisme et d'émotions. Selon notre caractère, notre personnalité et la situation elle-même, nous accordons plus d'importance à l'un ou à l'autre. Nous pouvons ainsi focaliser sur l'objectif : « *Je suis là pour faire un travail et pas pour faire du sentiment ; si ce n'est pas moi qui le fait, un autre le fera et le résultat sera le même* ». Vous risquez alors d'oublier le chemin. Nous pouvons également accorder plus d'attention à notre empathie naturelle et se laisser guider par nos émotions : « *Ce n'est pas juste ce qui arrive ; le pauvre ; je ne comprends pas comment on peut lui faire cela...* » Vous favorisez le chemin, mais risquez de perdre de vue le but du jeu.

Bien évidemment, l'équilibre entre les deux représente comme toujours la solution la plus appropriée : avoir conscience de l'objectif (« *Je dois licencier quelqu'un.* »), sans que cela ne soit au détriment de la personne (« *Je vais quand même m'impliquer pour être sûr que les choses seront bien faites.* »).

Se faisant, vous acceptez de ressentir les émotions de votre interlocuteur, de vous mettre en phase avec lui afin de trouver une solution adaptée à tous les deux. Vous atteignez votre but, mais pas à n'importe quel prix, ni par n'importe quel chemin. Vous avez alors également pris en compte la règle de l'entreprise : *continuer d'exister*, mais en rajoutant la vôtre, *pas au détriment des salariés*.

Sachez aussi utiliser à bon escient le rationalisme. Nombre de personnes que je reçois ne sont pas contents de leur travail, trouvant qu'ils n'en font pas assez, ou pas assez bien. Je ne connais aucune entreprise qui soit altruiste. Encore une fois, une entreprise n'est pas là pour faire du sentiment. Alors, si vous n'êtes pas licencié, c'est bien que votre travail est approprié.

Aussi apprenez, jour après jour, à garder en perspective le but et le chemin. C'est un principe simple mais qui fait défaut à la plupart des gens qui viennent me consulter.

CHAPITRE 26

ILS M'ONT DANS LE NEZ

Claire est directrice de la communication interne dans une entreprise de télécommunications. Elle est en poste depuis trois mois. Sa chef directe, Paula, lui a dit : « *Je ne vous présente pas aux autres directeurs, il faut que vous acquériez votre légitimité.* » Elle lui a également conseillé de s'appuyer sur son *alter ego* Josiane, directrice de la communication externe, qui fait partie de l'entreprise depuis dix ans et qui connaît tout le monde. Ce que fait Claire, demandant conseil à Josiane sur des dossiers qu'elle ne connaît pas. Oui, mais ! Oui, mais Josiane devient envahissante, venant mettre son grain de sel dans tout, écoutant ses conversations et lui donnant son avis (elles sont en *open space*) voire lui disant qu'elle ne fait pas les bonnes choses.

« *Je n'en peux plus. Elle m'a dans le nez. J'en ai parlé à Paula, qui n'a rien dit de particulier. Je pense qu'elle aussi m'a dans le nez. Je ne sais pas pourquoi. Bien sûr, elle a décidé de changer de poste et d'ici un an, elle ne sera plus là. Moi, ça ne m'intéresse pas, et je l'ai dit. Sauf que ni Paula, qui me laisse me débrouiller seule, ni Josiane qui s'immisce dans mon boulot et dans mon équipe, ne me laissent faire mon travail. Si je vais voir un directeur sans elle, elle prend la mouche. Si je lui dis, elle m'emmène et mène l'entretien comme si je n'étais pas là. L'autre jour, en réunion, elle parlait comme si elle était seule ; je suis intervenue, et elle m'en a fait le reproche ensuite ! Pour la ménager, je lui demande son avis, même lorsque je n'en ai pas besoin, et je crois que c'est encore pire. Mais si je ne le fais pas, elle me le fait sentir. Je ne sais plus quoi faire.* »

Que se passe-t-il ? Paula annonce d'emblée qu'il faut que Claire gagne elle-même sa légitimité ; ce qui veut dire, entre autres choses, qu'elle se prenne par la main et aille, seule, se présenter auprès des directeurs. Claire pensait qu'elle parlait de légitimité professionnelle et de la qualité de son travail. Elle a omis que les relations aux autres, à ce niveau de poste, étaient quasi plus importantes. Au bout de trois mois, voyant que ce n'est toujours pas le cas, Paula lui dit de s'appuyer sur Josiane. Et Josiane aussitôt d'en profiter. En effet, Paula doit changer de poste, et il est logique d'envisager qu'une de ses deux collaboratrices la remplacera. Josiane, là depuis dix ans se dit que le poste lui revient, mais voyant arriver une petite nouvelle, elle se dit également que rien n'est joué. D'autant que Claire lui dit qu'elle ne veut pas du poste, ce qu'elle interprète comme une contre-vérité faisant partie de sa stratégie pour gagner le poste. Elle développe alors une tactique encore plus agressive pour discréditer sa collègue. Une fois que Claire eût pris conscience de ce mécanisme avec sa règle implicite, elle décida d'être plus affirmée, cessa de demander son avis à Josiane pour ne pas la froisser, ne le faisant que lorsqu'elle en avait réellement besoin. Elle cessa de se dire qu'elle avait besoin d'être présentée, puisque trois mois après son arrivée, cela n'avait plus que peu de sens, et de s'appuyer sur le réseau qu'elle avait déjà tissé. À partir de là, Josiane a cessé de la dévaloriser, considérant qu'elle avait une rivale qui ne se laissait plus faire.

La solution a résidé dans l'observation des protagonistes, dans l'idée qu'elle était compétente et aurait su arriver au même résultat si Paula n'avait pas existé, et surtout de prendre pour comptant ce qui se passait, sans interprétation et sans projection de la part de Claire.

Observer et croire

Nous sommes tous enclins à projeter un filtre sur notre environnement, le filtre de nos croyances, de notre culture, de notre éducation, de nos valeurs, et de notre personnalité. Ce faisant, nous transformons la réalité, ne la percevons plus comme elle est, mais comme nous pensons qu'elle doit être.

De même avec les autres, nous projetons sur eux notre manière d'être et interprétons leurs attitudes à l'aune de nos valeurs. Ainsi Claire, qui croit ce qu'on lui dit, ne peut concevoir que Paula ne la croie pas lorsqu'elle lui dit ne pas être intéressée par le poste supérieur. Occultant la personnalité de Paula, ou plutôt projetant sur elle ses propres caractéristiques, elle transforme la réalité et ne la voit plus comme elle est vraiment. « Je fonctionne de telle façon, donc les autres fonctionnent également ainsi » est tout sauf le reflet de la réalité.

Sans entrer dans les détails, il se passe la même chose qu'avec les enfants, lorsqu'un grand, casse-pieds, décide d'embêter un petit, gentil. Entre autres mécanismes, le petit pense que le grand est gentil comme lui et se dit qu'il est impossible qu'il continue à mal se comporter (selon ses valeurs). Chaque jour, il anticipe que le casse-pieds va enfin être différent ! Ce qui ne se produit pas. D'autant moins que le petit ne se rebiffe pas, le grand continue. Jusqu'au jour où le petit devient capable de répondre ou de laisser glisser. Le grand n'a plus de prises et tout est terminé. Le mécanisme est ici similaire, l'oubli d'un paramètre fondamental dans l'équation de la relation aux autres : leur personnalité !

Que nous connaissons tous pour peu que nous les observions (ce que nous faisons), mais surtout pour peu que nous croyions ce que nous voyons. Alors l'équation devient facile à résoudre, et nous pouvons adapter nos attitudes aux situations dans lesquelles nous nous trouvons.

(INTERLUDE 5)

Changer de lunettes

L'entreprise est ce qu'elle est. Elle présente un certain nombre de caractéristiques que d'aucuns trouveront bonnes et d'autres mauvaises. C'est ce que j'appelle la règle du jeu. Que vous cherchiez à la changer, à la faire évoluer est une chose, qu'elle ne vous convienne pas en est une autre. La première étape sur la voie de votre mieux-être en entreprise est de faire un état des lieux de ce qui est, de regarder comment fonctionne le monde du travail, et le vôtre en particulier. L'accepter vous permettra ensuite de vous y adapter, voire de le faire évoluer.

Acceptation *vs* résignation

Accepter ne veut pas dire se résigner et abandonner ses idées et perdre ses illusions, encore que la frontière soit ténue avec l'adaptation.

S'adapter consiste à tenir compte de votre environnement pour que vos projets puissent voir le jour. C'est accepter qu'il y ait un jeu avec des règles que vous suivez, même si elles ne vous correspondent pas vraiment.

Se résigner, c'est se dire que si la réalité et les gens sont ainsi, alors autant ne rien faire. Cela revient à refuser de voir qu'il y a un jeu et refuser d'en suivre les règles. C'est penser que vous seul détenez la vérité et que les autres sont dans l'erreur.

C'est au moment où vous pourrez choisir en connaissance de cause de continuer à « jouer » ou pas que vous cesserez de subir une règle qui vous gêne aux entournures.

Choisir et ne plus subir

Subir revient à se dire que vous n'avez aucun pouvoir de décision, que l'on vous impose tout ce que vous devez faire. C'est un sentiment fréquemment ressenti en entreprise, qui recouvre une part de vérité, mais une part seulement car vous avez tous les moyens de décider, à votre niveau et surtout en fonction de vos valeurs, de vos priorités et du contexte de vie qui est le vôtre. Il est évident qu'il est plus facile de refuser un travail, une tâche que l'on vous demande d'effectuer si vous n'avez pas besoin de votre salaire pour vivre. Si tel n'est pas le cas (ce qui se produit pour la majorité d'entre nous), il faut mettre en balance notre décision avec nos impératifs, mettre en somme de l'eau dans notre vin. Mais il ne faudrait pas que ce soit au détriment de nos valeurs et de notre personnalité.

Ceci étant, mettre en lumière que votre but est de toucher votre salaire à la fin du mois vous permet de choisir en tout état de cause de faire ce que votre chef vous demande, même si vous préféreriez lui dire non. Vous mettez ainsi en balance sentiment personnel (« *J'aliène ma personnalité car je n'ai pas encore réussi à lui dire non.* ») et réalité (« *J'ai besoin de mon salaire pour vivre, et ce n'est ni l'endroit, ni la bonne personne pour simplement avoir le plaisir de m'affirmer.* »), vous vous adaptez au contexte et ne subissez plus ce que vous preniez jusqu'alors comme un manque de personnalité.

Ce faisant, vous acceptez également de vous adapter à votre environnement et aux personnes avec qui vous êtes en relation.

Composer avec les autres

Composer avec les autres implique tout d'abord de vous connaître, de savoir comment vous fonctionnez. Il s'agit ensuite d'observer les autres pour en dresser un portrait équivalent[1]. Observez leurs différences, mais également la manière dont ils filtrent leur discours (leurs erreurs de raisonnement), l'attitude qu'ils utilisent, s'ils sont trop affirmés, pas assez, ou dans le juste milieu.

Comprenez vos propres manières d'être, et adaptez alors votre communication en fonction des paramètres de leur personnalité et de la vôtre. Certains me disent qu'il s'agit d'une forme de manipulation.

Respect ou manipulation

Respectez ce que vous percevez de l'autre est à l'opposé de la manipulation, vous tenez compte de l'autre, afin de ne pas le froisser, et afin que votre échange soit fructueux et constructif.

À ce propos, je prends toujours le même exemple, celui dans lequel vous joueriez aux mots croisés avec votre grand-mère. Il est logique de penser que vous trouviez le mot plus facilement

1. *Vous trouverez en annexe un tableau récapitulant les principales différences.*

et plus vite qu'elle. Que faites-vous alors ? Vous les écrivez aussi vite ? Ou vous essayez de les lui faire trouver ? Le but est-il d'ordre interne, vous faire plaisir et satisfaire votre ego, ou bien d'ordre externe, passer un bon moment avec votre grand-mère ? Est-ce de la manipulation ? Non, mais une preuve d'amour, de respect, de conscience de l'autre et une volonté de partage et d'échange.

Pour appliquer cet exemple au monde de l'entreprise, demandez-vous quel est votre objectif et de quel ordre il est : d'ordre interne (avoir raison, chercher à imposer votre point de vue), vous ne tenez pas compte de la personnalité de votre interlocuteur ; ou d'ordre externe (finir votre projet au mieux), vous tenez compte de la personnalité de chacun, de la réalité, de l'environnement et du contexte, et votre communication s'adapte presque automatiquement.

Un grand principe à garder à l'esprit est que lorsque vous n'arrivez pas à vous entendre avec votre interlocuteur, il y a de fortes chances que vous ne parliez pas du même sujet et que votre but soit différent.

Le but est différent

Imaginons que vous demandiez à un collègue « *Peux-tu me dire comment je fais pour aller trouver la DRH ?* » Et il vous répond : « *C'est vrai que c'est un peu compliqué pour les trouver : tu vas dans l'autre bâtiment et tu grimpes au 4e. Ils sont au fond du couloir de gauche.* » Vous en fait, vous vouliez savoir comment aborder la DRH pour lui exposer un projet d'évolution de carrière ; votre collègue a compris que vous lui demandiez votre chemin.

Exemple encore une fois simpliste, mais qui peut se généraliser à bon nombre d'incompréhensions plus ennuyeuses et surtout sources de frustrations. Imaginons que vous soyez un peu tendu à l'idée de demander un changement de poste, alors il est possible que vous preniez la mouche devant l'attitude de votre collègue, allant même jusqu'à trouver qu'il se fiche de vous. Non, simplement ses préoccupations ne sont pas les vôtres et votre but n'est pas le sien.

Repensez alors à ces moteurs[1] qui nous font mal nous comporter et développez un peu de compréhension. En effet, même si un collègue vous « *parle mal* », il y a de fortes chances qu'il soit sous pression, sujet au stress ou à toute autre émotion négative.

Prenez-en conscience et faites ainsi confiance à vos interlocuteurs : dites-vous qu'ils sont faillibles mais compétents.

Faire confiance

Faire confiance implique de reconnaître la compétence et les qualités de votre interlocuteur. Pour cela (encore me direz-vous !), regardez s'il atteint ses objectifs, si ce qui lui est demandé est fait. Retirez tout qualificatif et tout jugement du type du genre : « *il pourrait aller plus vite ; ce pourrait être mieux fait ; il pourrait être plus efficace ; il ne reste pas tard au bureau ; souvent il n'est pas à son poste…* »

Soyez purement factuels et ne gardez que l'objectif. S'il est la plupart du temps atteint, vous pouvez admettre que votre collègue est compétent et vous pouvez alors lui faire confiance, reconnaître ses mérites et, le cas échéant, accepter son autorité. Car autorité ne rime pas avec contrainte. Ou ne devrait pas.

L'autorité la plus efficace est celle librement acceptée, fondée sur l'expérience de l'autre (il a réussi à résoudre un problème épineux), sa position (s'il est directeur financier, c'est qu'il en présente les qualités requises) ou son titre (votre médecin, un collègue issu d'une grande école). Elle est la manifestation du

1. *Voir Interlude 1, page 31.*

savoir détenu par celui qui l'exprime, et ce n'est pas aliéner sa liberté que de lui obéir. Apprenez dès lors à regarder les autres comme alliés possibles et non comme des ennemis potentiels. Ce qui ne veut pas dire les considérer comme des amis à qui vous pouvez tout dire, car nous sommes en entreprise, et en entreprise, on ne communique qu'à bon escient.

Communiquer à bon escient

À bon escient, cela veut dire que vous ne dites pas tout à tout le monde, ni rien à personne. Je ne dirais pas comme certains le ressentent : « *tout ce que vous direz sera retenu contre vous* », si bien qu'ils en deviennent taciturnes, ne parlant pas ou que de manière professionnelle. Pas plus que je ne dirais qu'il faut se livrer à « radio moquette ». Pour être intégré dans l'entreprise, vous devez parler, de travail bien sûr, mais également de vous, afin de montrer que vous êtes une personne, et pas juste des compétences, donc non interchangeable avec une autre personne montrant les mêmes compétences. Parler de vous ne veut pas dire parler de votre intimité. Cela veut dire parler des choses que vous aimez, du dernier film que vous avez vu, de l'endroit où vous passez vos vacances, de la naissance du petit dernier…

Ne rien dire est sujet à interprétations, et qui dit interprétations dit la plupart du temps fausses idées. J'ai connu quelqu'un qui ne voulait rien dire de sa vie privée, ni qu'il était en couple, ni ce qu'il faisait, ni raconter la moindre anecdote. Ses collègues en ont déduit qu'il avait des choses à cacher, et donc menait une vie dissolue en dehors du travail.

Communiquer à bon escient ne veut pas non plus dire parler à tous de tout. Vous choisissez les gens à qui vous parlez de vous, et *a contrario* ceux avec lesquels vous avez un minimum d'affinités.

Quant à votre ligne hiérarchique, tout dépend comment vous vous entendez avec eux, mais n'oubliez pas : ils sont vos supérieurs avant d'être vos amis. Pour vos collaborateurs, vous vous devez de leur prêter une oreille attentive : comme vous, ils ont une vie privée, qui a une influence sur leur travail.

Un homme que je recevais me parlait de son chef : « *Mon épouse vient de mourir, et il me convoque en me disant que mon travail ne va pas* ! » Comment son chef peut-il être au courant du décès de son épouse s'il ne lui en parle pas ? Une fois au courant, le chef a fait preuve de compassion.

Il est vrai qu'un autre, dans les mêmes circonstances a dit à l'une de ses collaboratrices dont le mari venait de décéder : « *Restez donc chez vous tant que votre vie privée déteindra sur votre efficacité !* »

Que répondre à cela ? Rien sinon prendre sur soi, éventuellement en parler à un autre supérieur, et surtout se dire que ce monsieur n'a pas les mêmes valeurs que cette dame. Faut-il alors essayer de lui faire entendre raison ?

Faire changer ou pas

Faire évoluer ses collaborateurs est une responsabilité qui appartient à chaque salarié d'une entreprise. Cela implique de leur faire prendre conscience de leurs erreurs afin qu'ils ne les reproduisent plus, mais également de leurs réussites afin qu'ils puissent s'appuyer dessus pour progresser[1]. Ainsi chacun progresse dans son travail quotidien.

Quid des évolutions de carrière ?

1. *Vous trouverez en annexe quelques pistes pour faire des critiques, des demandes, des compliments et en recevoir.*

À ce monsieur qui exprimait sa volonté de faire évoluer chacun de ses collaborateurs, je répondais que cela dépendait aussi d'eux-mêmes. Il me répondit que nous portons tous en nous-mêmes la capacité à progresser, à nous poser des questions et à évoluer. Je maintiens « à condition de le vouloir ». Encore une fois, les valeurs de l'un ne sont pas celles de l'autre. Tel ce monsieur d'une cinquantaine d'années, programmeur depuis trente ans qui ne souhaite pas changer de poste : tous les jeunes diplômés le regardent les yeux écarquillés avec incompréhension et une légère pointe de mépris. Ses priorités sont ailleurs.

Mais si vous voulez progresser, alors n'hésitez pas à le faire savoir, sinon, et c'est encore une fois la règle en entreprise, vous ne serez pas celui à qui l'on proposera une évolution de carrière.

CHAPITRE 27

Mon boulot me plaît, tout va bien

Lorsque j'ai connu Alexandre, il était programmeur, faisant ce qu'on lui demandait de faire, avec beaucoup de difficultés : son chef était incompétent, le harcelait en le submergeant de tâches inutiles, le rabaissait en lui demandant de faire du *reporting* heure par heure, ne lui faisait aucune confiance. Ses relations aux autres étaient plus que tendues : ils le considéraient comme un arriviste aux dents qui « *raclent jusque par terre* », imbu de sa personne et voulant en remontrer à tous. Aujourd'hui, Alexandre est directeur informatique chez un constructeur, dirige une équipe de cinquante personnes, a la confiance de sa hiérarchie et de ses collaborateurs. Ses relations sont chaleureuses avec tous.

Voilà ce qu'il me disait dernièrement : « *Je me suis libéré et j'ai vraiment décollé. Je m'éclate dans ce que je fais. Chaque nouveau projet est pour moi un challenge, comme c'en est un de bien m'entendre avec mes équipes. Je suis en permanence en ébullition, ce qui me va à la perfection. J'ai appris à utiliser mes compétences et à m'appuyer sur celles des autres, à ne pas tout vouloir faire par moi-même, à croire ce qu'on me dit, à croire en moi, et à croire que tout est possible. Pour rien au monde, je ne changerais de vie !* ». Sa vie personnelle est également épanouie, il est l'heureux papa de trois enfants, et il arrive à concilier vie professionnelle (même s'il rentre parfois très tard) et vie privée, voyant ses amis, partant en vacances et profitant de la vie parisienne. Alexandre est arrivé à ce résultat en quelques mois, à force de volonté, de motivation, et de travail quotidien. Se remettant chaque jour en question, dans le bon sens du terme, appliquant les bons outils pour changer de lunettes, c'est-à-dire d'attitudes, de comportements et de manière d'être. Au final, ni l'entreprise ni le monde du travail n'ont changé pour lui permettre cela. Mais lui, oui, et ainsi, il peut à son tour faire changer son entreprise, à son niveau, et cela fera boule de neige.

Alors il nous le dit « *Être heureux au boulot ? Je n'aurais jamais pensé cela possible quand je suis venu vous voir pour la première fois. Mais oui, je le dis haut et fort, et le crie sur les toits, oui c'est possible !* »

Et maintenant ?

Maintenant, vous aurez, j'espère, commencé à changer de lunettes, à changer votre regard sur le monde du travail.

Sans vous résigner à un univers, à des codes et à des règles qui ne vous satisfont pas, mais en en prenant conscience afin de vous y adapter, ou pas. Ce choix est le vôtre et vise, en tout cas, à ne plus subir un ensemble de situations qui vont à l'encontre de vos valeurs et de votre personnalité.

Le changement de votre regard vous permettra de savoir à quoi vous attendre, et de ne pas développer frustration et ressentiment devant un monde que vous considériez comme injuste, destructeur, source de stress et de mal-être. Tout cela est peut être vrai, mais ce n'est qu'une des interprétations possibles.

La réalité n'est pas idyllique. Elle est. Point. C'est comme ça. Un fait et rien d'autre. Une réalité donc, avec ses règles tacites, sa culture et ses codes, auxquels vous vous devez de vous adapter car c'est le premier point de malaise en entreprise. Tous les gens que je reçois et qui récriminent contre leur travail découvrent qu'ils cherchent tous à vivre dans un monde à leur image, porteur de leurs valeurs, du sens qu'ils souhaitent y trouver, imprégné donc de leur personnalité, mais faisant abstraction du contexte, de l'environnement, à savoir la société de consommation.

Connaître la règle du jeu est primordial comme nous l'avons vu pour s'adapter et, ainsi, faire évoluer le monde dans lequel vous vivez. Cette règle du jeu qui veut que l'économie de marché soit reine, que le relationnel soit au moins aussi important que les compétences techniques, qu'il vous faut prendre sur vous pour vous montrer, dire ce que vous faites, vous rapprocher de vos collègues, mais ni trop ni tout le temps.

La deuxième clef, aussi fondamentale, consiste à ne jamais perdre de vue l'objectif. Cela paraît simple. Et pourtant ! Cela fait partie des choses que je ressasse à longueur de journée :

« - *Quel était votre but ?*

- *Ne pas bafouiller…*
- *Non, essayez encore.*
- *Impressionner mon auditoire ?*
- *Non.*
- *Je ne sais pas…*
- *Transmettre des informations, et pour cela, que vous bafouillez ou pas, que vous parliez ou n'utilisiez qu'un support visuel… n'a aucune importance tant que votre auditoire repart avec ce qu'il est venu chercher !*
- *Oui, mais ce n'est pas satisfaisant, et vous voulez que je me satisfasse de la médiocrité.* »

Évidemment non. Mais la réalité est quand même celle-là : vous avez une tâche à remplir, et elle l'est oui, ou non (sans milieu possible). Seulement alors pouvez-vous ajouter un qualificatif « *je pourrais faire mieux, aller plus vite…* »

Prenez ainsi conscience que vous avez cette capacité fondamentale, qui domine toutes les autres, de vous adapter et de retomber sur vos pattes. Pour cela regardez derrière vous : n'avez-vous pas toujours su faire face ? N'avez-vous pas vécu des bas ? Qui sont toujours repartis à la hausse ? Alors, vous voyez que vous savez toujours atteindre votre but. Mais attention encore une fois à ne pas vous tromper. Définissez-le par rapport à vous, à vos attentes, vos compétences et ce que vous percevez du travail que vous avez à faire, mais également par rapport à votre environnement, vos collègues, leurs personnalités, leurs attentes et leurs manières de fonctionner.

Ne vous laissez pas prendre par le chemin le plus visible (*« s'il vient en réunion les mains dans les poches, c'est qu'il n'a rien fichu »*), accordez-lui le bénéfice du doute, et jaugez-le seulement au vu de ses résultats.

Acceptez que tous ne fonctionnent pas à l'identique, mais que tous soient aussi compétents, dans leurs domaines, les uns que les autres et qu'ils sont donc tous complémentaires.

Acceptez pour finir que l'humanité ne soit ni noire ni machiavélique, mais la proie de boulets et de fantômes que nous traînons tous derrière nous comme autant de blessures qui nous font souffrir et agir en dépit de notre volonté.

Alors vous aurez gagné en compréhension et en indulgence, envers vous et les autres, et vous serez sur le chemin de la sérénité.

ANNEXES

ANNEXE 1

Les différences entre personnes

Les mêmes paradigmes reviennent fréquemment dans le discours des personnes que je reçois. Il s'agit évidemment d'éléments perturbateurs qui les encombrent dans leurs relations aux autres. La question rejoint en fait celle de l'acceptation de soi et des autres ainsi que de la place de l'influence sociale sur notre mode de vie.

Tout devrait être simple si l'on se base exclusivement sur le résultat que vous ou votre manager souhaite obtenir : y parvenez-vous dans les temps ? Si la réponse est « oui », vous pouvez légitimement vous appuyer sur vos réussites passées pour amener votre manager à prendre en compte votre manière propre de faire. Et si vous êtes vous-même manager, vous pouvez alors sans crainte faire confiance à votre collaborateur.

Le tableau ci-dessous présente ces différences de fonctionnement en les opposant deux à deux, ce qui est évidemment très réducteur, et loin de refléter l'exacte réalité. Il s'agit en fait de poser les idées, en simplifiant des notions complexes de fonctionnement mental. Ce faisant, j'occulte volontairement le fait que personne n'est ni tout l'un, ni tout l'autre, mais un mélange qui varie selon les circonstances, les états d'esprit, les moments, les interlocuteurs, les préférences…

Encore une fois, il ne s'agit que de donner des clefs de compréhension pour un éclairage nouveau et de meilleures relations les uns avec les autres.

Raisonnement	**Intuitif**	**Séquentiel**
Apprentissage	Par expérience	Par compréhension
Motivations	Internes	Externes
	Générales	Ponctuelles
Environnement favorable	Contraint	Libre
	Monotâche	Plusieurs tâches
Concentration	Diffuse	Intense
Communication	Interne	Externe
Réaction aux événements	Sensible	Pragmatique

ANNEXE 2

LES ERREURS DE RAISONNEMENT

Nous traitons les informations qui nous arrivent en fonction de nos valeurs, nos croyances, nos souvenirs, bons ou mauvais, nos caractéristiques, notre fonctionnement propre, notre personnalité ainsi qu'en fonction des croyances et des idées véhiculées par le milieu dans lequel nous nous trouvons. Certains de ces filtres nous confèrent une plus grande efficacité (par définition une croyance est un raccourci de pensée qui nous permet d'être sûr d'une chose et de ne pas la questionner, dont de nous faire gagner un temps certain), d'autres nous pénalisent en nous envoyant un reflet déformé de la réalité : c'est le point de départ des erreurs de raisonnement.

Les erreurs de logique

L'abstraction sélective

Ce terme définit le fait de se centrer sur un seul détail négatif dans une situation et de l'utiliser hors de son contexte initial. On se base sur un détail sans importance et on jette le reste à la poubelle…

Ex. 1 : Quelqu'un doit faire un rapport sur l'exercice de l'année. Vous rendez un travail très complet et très documenté. Vous entendez : « *Vous n'avez pas pensé à…* », et de retour à la maison, vous vous dites : « *J'ai été nul !* »

Ex. 2 : *Celle-là me regarde d'un drôle d'air, je dois avoir l'air fêlé.*

La généralisation excessive

Cette erreur consiste à tirer une conclusion à partir d'un seul événement (en général négatif) et le considérer comme une règle générale à partir de laquelle on se condamne.

Ex. : *Les réceptions sont un calvaire.*

L'inférence arbitraire

Sous cette expression se cache notre vilaine habitude de tirer des conclusions sans preuves adéquates, sans lien logique avec la réalité à partir de détails négatifs sans importance. On imagine ainsi lire les pensées d'autrui ou encore prédire l'avenir.

Ex. : *Ils ont décidé de m'ignorer.*

La maximalisation

Vous envisagez une situation de façon démesurée en exagérant les conséquences négatives.

La minimalisation

Cela consiste à dévaloriser nos ressources personnelles, nos réussites et les situations positives. Ainsi, on minimise les aspects positifs mais on amplifie les aspects négatifs.

La personnalisation

Voici une autre habitude qui nous fait nous attribuer la responsabilité des événements négatifs.

Ex. 1 : Je n'ai pas fait ! *Si j'avais fait, je n'ai pas pu, je n'ai pas su.*

Ex. 2 : *Ils font exprès de parler entre eux pour me tenir à l'écart !*

La radicalisation (pensée dichotomique)

Il s'agit d'une forme de pensée manichéenne par laquelle on envisage les situations en termes extrêmes et absolus de tout ou rien : échec/succès ; bon/mauvais. Cette perception rigide et simplifiée conduit à des attitudes radicales.

Ex. 1 : *Je nettoie toute la maison ou je ne fais rien.*

Ex. 2 : *Si je ne taille pas tous mes rosiers aujourd'hui, autant ne rien faire.*

Les fautes de style

Les auto-injonctions volontaires

On emploie à notre encontre des impératifs catégoriques : *il faut* ; *je dois*, etc. La formulation des pensées les métamorphose en obligations ou en devoirs. Et, par ailleurs, on se contraint à réaliser des actions qu'on a du mal à accomplir, ce qui entraîne culpabilité, sentiment d'incapacité, auto-dévaluation.

Ex. : *Il faut que je téléphone à mes parents au moins une fois par semaine.*

Les erreurs sémantiques

Elles consistent à utiliser des qualificatifs inexacts.
Ex : *Je suis un perdant*.

Les omissions

Permettre à notre conscience d'ignorer une masse d'informations entrantes présente l'avantage de nous laisser traiter les autres messages. L'inconvénient est que nous risquons de faire abstraction d'informations d'importance. Pour les identifier, guettez les mots comme « mieux », « meilleur », « pire », « plus », « moins », « la plupart » et « le moins », parce qu'ils vous indiquent ce qui fait l'objet de l'omission. Par exemple, la phrase « les directeurs savent mieux mentir » implique qu'il existe des gens qui savent moins bien mentir mais qu'ils sont exclus de cet énoncé. Vous pouvez également lire entre les lignes : « Les politiciens me mettent en colère ». Ce ne sont pas les hommes eux-mêmes qui vous mettent en colère, mais leurs actes.

Lorsque vous vous surprenez à penser, ou à parler, avec ces petits mots caractéristiques des erreurs de raisonnement, arrêtez-vous un instant et demandez-vous ce qui vous rend si affirmatif, quels arguments vont dans ce sens et quels contre-arguments vous pouvez envisager. Ce faisant, vous aiguiserez votre esprit critique, vous ne mettrez pas tout dans le même sac, vous serez plus réaliste, et donc plus serein.

ANNEXE 3

LES VALEURS

Les valeurs peuvent se classer en différentes catégories : valeurs personnelles ou internes, sociales ou externes, morales, valeurs de compétences, etc. En voici quelques exemples :

Valeurs personnelles	Valeurs sociales
Vie confortable Liberté Joie Respect de soi Amitié Sagesse	Monde de paix Égalité Sécurité nationale
Valeurs morales	**Valeurs de compétences**
Courage Honnêteté Aptitude à l'amour	Ambition Indépendance Imagination

Privilégier l'une au détriment des autres conduit au déséquilibre ainsi qu'à adopter une mauvaise image de soi et des autres ne permettant ni d'accepter chacun avec sa personnalité propre, ni de composer avec l'autre.

Enfin, voici une liste de valeurs, bien évidemment non exhaustive, mais qui vous permettra déjà dans un premier temps de poser vos idées en voyant quelles valeurs sont importantes pour vous :

La liberté
L'autonomie
La réussite
La sécurité
Le partage
L'effort
La solidarité
L'amour
Le sens du devoir
L'égalité des droits
L'ordre
Le travail
La compétition
La discipline
L'excellence
La participation
La convivialité
La démocratie
Le respect de la vie
L'individualisme
La dépendance
L'épanouissement
L'autoritarisme
La soumission
Le respect de soi
Le respect des autres
L'éducation
La paix
La famille
La justice
Le respect de l'autorité
La rivalité
Le conformisme
Le respect
L'engagement
L'instruction et la qualification
La socialisation
Mon statut
L'argent
La réussite sociale
L'indépendance
L'intérêt pour un travail
L'amitié et la camaraderie
L'audace et l'aventure

La connaissance et le savoir
L'environnement
L'honnêteté
Être utile aux autres
Le savoir-vivre
Mener une vie saine
Le concret
La créativité
Le plaisir
Apprendre
Être mon propre employeur
La sécurité matérielle
Transmettre, enseigner
M'exprimer
Travailler avec des gens que j'apprécie
Gagner beaucoup d'argent
Avoir de bonnes conditions de travail
Avoir des horaires « élastiques »
Avoir des possibilités de voyager
Travailler sur des objets
Travailler sur des idées
Travailler avec des gens
Avoir la reconnaissance de sa hiérarchie
Avoir la reconnaissance des autres
Contrôler mon travail
Contrôler le travail des autres
Rencontrer des gens nouveaux
Accomplir des tâches variées
Utiliser des aptitudes très « pointues »
Être en concurrence avec d'autres personnes
Être aimé et apprécié
Être très occupé et faire beaucoup de choses
Avoir la sécurité de l'emploi
Pouvoir exprimer mes idées sociales
Travailler lentement
Exercer une activité de direction
Être quelqu'un de « connu »
Ne pas avoir de responsabilité
Pouvoir utiliser mes idées personnelles
Travailler vite
Avoir une certaine influence sur les gens
Avoir du temps libre
Se sentir dans l'urgence
Avoir un travail qui m'oblige à me dépasser moi-même.
Travailler à temps partiel
Travailler à temps plein
Pouvoir évoluer
Être dans une relation de confiance

Prendre des responsabilités
La générosité
Convaincre les autres
Entraîner une équipe
Vendre des idées
Vendre des objets
L'esthétisme
L'altruisme
La conscience professionnelle
L'humour
La réalisation de soi
L'éthique
Une carrière enrichissante
L'honnêteté
Des activités religieuses
L'ouverture d'esprit
Être gagnant
La réussite familiale
Le respect des lois
Le respect de mes engagements
D'heureuses fréquentations
Une vie équilibrée
Un grand cercle d'amis
Être fier de ma communauté
L'excellence musicale
Projeter une bonne image
Aider mes parents
Construire des choses
L'autosuffisance
Un mariage harmonieux
Une renommée professionnelle
La productivité
La créativité
Aider mon prochain
La santé et la vigueur
Mon leadership
Le développement intellectuel
La sécurité financière
La tolérance
La sensibilité artistique
Faire partie d'une équipe
L'influence
La résolution de problèmes
La rigueur

Ceci fait, reprenez votre liste et regardez quelles valeurs (dans celles que vous avez retenues) sont satisfaites dans votre vie actuelle. Si vous êtes en-dessous de 50 %, il est probable que votre vie ne soit pas très épanouie. Prenez alors les valeurs non satisfaites et essayez de voir, une par une, si c'est votre perception qui est fausse (elle est satisfaite, mais vous ne le voyez pas), en considérant ce que cela voudrait dire concrètement : comment sauriez-vous que cette valeur serait satisfaite (à quels indices vous fier) et comment vous pourriez la mettre à l'œuvre dans votre environnement.

Regardez ensuite si cette valeur est vraiment importante pour vous, encore une fois à partir de ce que cela voudrait dire concrètement : imaginez si cela vous correspond effectivement. Car souvent, nous restons ancrés sur des croyances qui sont devenues obsolètes, du fait que nous ayons évolué.

Si vous concluez que cette valeur est réellement importante, voyez comment vous pourriez la mettre en œuvre dans votre environnement.

Une fois que vous aurez fait cela avec chaque valeur de votre liste, il est probable que vous aurez augmenté le nombre des valeurs satisfaites, en changeant votre regard sur votre vie.

Si cela n'est toutefois pas le cas, ou si cela s'avère insuffisant, il sera alors à envisager de réétudier votre vie, votre carrière et vos choix.

ANNEXE 4

ARBRE DE DÉCISION DES SOUCIS

De manière très réductrice, il s'agit ici d'appliquer la « logique Shadock », ou si vous voulez un peu plus de sérieux, les principes bouddhistes.

L'un comme l'autre nous disent que, dès lors qu'un problème donné présente une solution, il cesse d'être un problème, mais que s'il n'y a pas de solution, il est inutile de s'en préoccuper puisqu'il n'y a rien à y opposer.

Demandez-vous ce qui vous préoccupe. Ensuite cherchez s'il existe des solutions, lesquelles, quand et comment vous pourriez les mettre en œuvre. Une fois ceci fait, vous avez résolu votre problème. Virtuellement certes, mais vous savez qu'il existe des solutions, vous les avez identifiées et vous savez quand, comment et avec qui vous pourrez les utiliser. Il n'y a donc plus lieu de s'en soucier, et vous pouvez alors passer à autre chose.

Cela paraît simple, voire simpliste, mais ça ne l'est pas et c'est d'une efficacité redoutable.

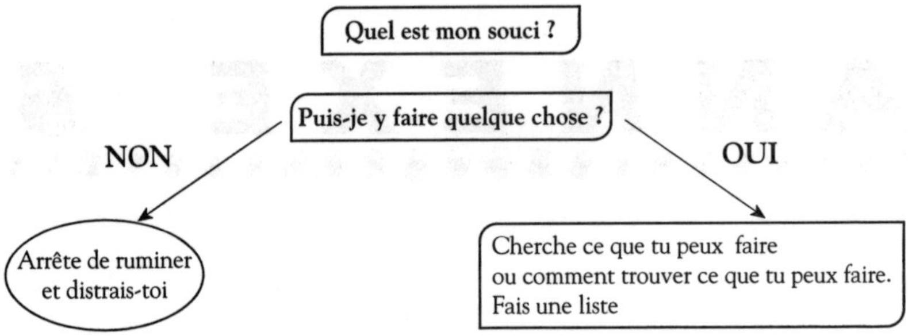
Quel est mon souci ?
Puis-je y faire quelque chose ?
NON
OUI
Arrête de ruminer et distrais-toi
Cherche ce que tu peux faire ou comment trouver ce que tu peux faire. Fais une liste

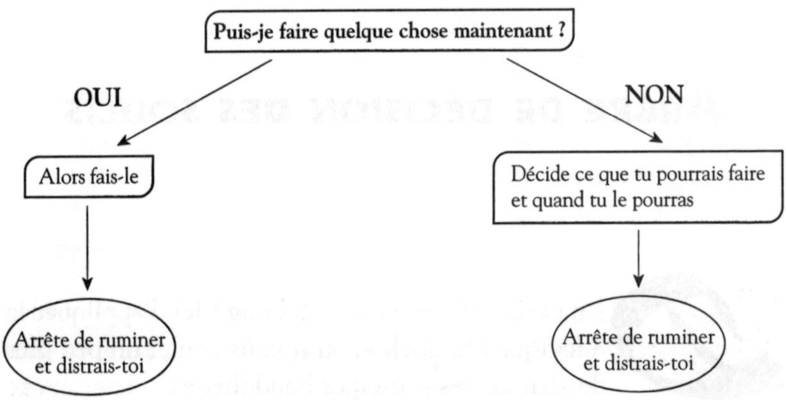
Puis-je faire quelque chose maintenant ?
OUI
NON
Alors fais-le
Décide ce que tu pourrais faire et quand tu le pourras
Arrête de ruminer et distrais-toi
Arrête de ruminer et distrais-toi

ANNEXE 5

À PROPOS DU STRESS

Parler de stress en entreprise est devenu une lapalissade, avec l'idée sous-jacente qu'il faut lutter contre lui afin de l'éradiquer. Il ne s'agira ici que d'un bref aperçu car c'est un sujet trop vaste et complexe qui peut faire, à lui seul, l'objet de plusieurs ouvrages. Mais il serait illusoire de vouloir le supprimer définitivement de nos vies. En effet, le stress, toutes proportions gardées, est normal car il participe d'un mécanisme d'adaptation à tout type de changement.

Le stress, c'est normal

Transposons-nous à l'époque de l'homme de Neandertal. Supposons que vous entendiez un grognement. Aussitôt en alerte et tous vos sens aiguisés, vous guettez le danger. Vous voyez apparaître un petit ours, vous lui donnez un coup de votre massue sur la tête. Un grand ours ? Vous prenez vos jambes à votre cou.

Ainsi, la peur est-elle cette réaction qui nous met en alerte afin de combattre ou de fuir selon le danger, afin de sauver notre vie. Elle nous permet de mettre en branle tous les mécanismes physiologiques pour mener cette opération à bien, quitte à aller chercher au fond de nous des ressources que nous ignorons. Le mécanisme est resté le même aujourd'hui encore. Mais à la place de la peur des dangers physiques, nous avons la peur de l'échec. Le stress est alors ce qui nous permet de nous adapter, de sortir le meilleur de nous-mêmes, à condition que nous n'en ressentions ni trop, ni trop peu.

En effet, si vous passez un examen de fin d'études les mains dans les poches, vous avez plus de risques de moins bien le réussir que si vous ressentez un peu de stress. Je n'entre pas ici dans les détails de la gestion du stress. Je dis simplement que cela est possible.

La première des choses (encore direz-vous !) est de prendre conscience que, bon an mal an, vous atteignez votre objectif ; que cela suffit et qu'il n'est donc pas nécessaire de « vous mettre la rate au court-bouillon ». Ensuite, il est nécessaire d'organiser simplement quelques pauses par-ci par-là, des pauses qui doivent être faites en conscience[1] afin qu'elles ne soient pas rendues inefficaces par un sentiment de culpabilité.

1 *Voir annexe 7, page 213*

Quelques idées pour la gestion du stress

Techniques de résolution de problème

- Définition, formulation du problème
- Recueil d'informations, évaluation de l'objectif
- Création de solutions
- Prise de décision (évaluation des solutions)
- Mise en place et évaluation de la solution retenue

Entraînement aux habilités de communication

- Dire non
- Demander un changement
- Exprimer ses émotions
- Répondre aux critiques

Techniques de gestion du temps

- Faire un planning (incluant des activités agréables)
- Établir des priorités

Tenir compte de l'environnement

- Les autres :
    - Informer de ses besoins précis
    - Remercier
    - Accepter que l'aide reçue soit imparfaite
- Changer l'environnement
    - Le rendre plus sécuritaire
    - Le rendre plus simple

Techniques de gestion des émotions

- Détourner son attention
- Rechercher le sens de ce que l'on vit
- Se parler comme à un ami
- Exprimer ses sentiments

Techniques de restructuration des pensées

- S'observer
- Prendre de la distance, dédramatiser
- Remettre ses pensées à leur juste place
- Se comparer à d'autres personnes dans la même situation
- Réviser ses critères pour ne pas se demander l'impossible

Entraînement à la détente active

- Apprendre à se détendre dans les moments de tension
- Garder du temps pour soi

ANNEXE 6

QUELQUES STRATÉGIES FACE AUX AUTRES

Essayez de trouver quelques situations pas trop difficiles, dans lesquelles vous pourrez vous entraîner à prendre de l'assurance. Cela deviendra alors rapidement une habitude à laquelle vous ne penserez plus. N'oubliez pas qu'au début, vous ne serez pas à l'aise, mais ce n'est pas le but, cela viendra. Le but est de discuter avec l'autre. Lorsque vous réussissez, encouragez-vous en vous félicitant et en vous disant qu'ainsi ce sera moins difficile la fois suivante. De même, avant de vous lancer, dites-vous que ce sera moins difficile que la fois précédente. Et puis, entraînez-vous, en commençant par des petites choses, pas tellement difficiles qui vous permettront de prendre de l'assurance par exemple :

- demander à un ami de vous rendre le livre que vous lui avez prêté, à un inconnu de passer devant lui à la caisse du supermarché, à votre conjoint de préparer le dîner à votre place, etc. ;
- refuser de changer de table au restaurant, de rester plus tard au travail, de prêter votre voiture, décliner une invitation à dîner, etc.

Recevoir un compliment

Regardez autour de vous : si vous dites à quelqu'un « *J'aime bien ton pull* », la plupart de vos amis vont répondre quelque chose du genre : « *Oh, je l'ai depuis longtemps* », ou « *Je l'ai eu en soldes* ». Pourquoi dévaloriser le compliment ? La personne vous dit juste qu'elle aime votre pull. La seule réponse est : « *Merci, c'est gentil. Moi aussi je l'aime bien.* » N'imaginez pas que la personne cherche quelque chose en retour. Dites-vous qu'elle est sincère et remerciez-la. C'est tout !

En résumé, montrez votre accord avec la personne qui vous fait un compliment ou vous offre un cadeau. Ne vous dévalorisez pas, et ne minimisez pas non plus ce qu'on vous dit : trouvez une juste valorisation.

Renvoyez alors du positif en vous impliquant (« *Cela me touche* », « *Cela me fait plaisir* », « *Je suis content* ») et en étant descriptif (« *Je suis très content que tu m'aies offert des fleurs* »).

Entraînez-vous, et cela deviendra une habitude. Au début, vous vous direz « *zut, je me suis encore justifié* », et progressivement, vous apprendrez à juste remercier.

Faire un compliment

De la même manière, exprimez directement votre compliment en parlant à la première personne et en exprimant ce que vous ressentez : « *J'aime bien ton pull* », plutôt que « *Tu as un beau pull* ». Éventuellement approfondissez : « *...il me rappelle...* » Arrêtez-vous.

Faire une critique

Ayez d'abord conscience de la différence entre un reproche et une critique : un reproche n'est pas constructif et porte un jugement de valeur, alors qu'une critique permet d'avancer et ne se base que sur une situation, une attitude, un comportement, toujours ponctuel ou circonstanciel. Avant de vous lancer, préparez ce que vous allez dire. Réfléchissez à ce qui vous ennuie chez votre interlocuteur et à ce que vous aimeriez qu'il fasse. Choisissez ensuite un moment approprié, c'est-à-dire lorsque tous deux pouvez être disponibles et rien que vous deux, car, bien évidemment, la présence de tierces personnes est bannie.

Il vaut mieux ne pas être pressé, aussi demandez : « *As-tu le temps de parler ?* » « *Quand puis-je te parler ?* », « *J'aimerais discuter de quelque chose avec toi.* »

Formulez votre critique en décrivant très précisément ce que la personne a dit ou fait. Indiquez les conséquences que cela a eues, qu'il s'agisse de conséquences matérielles (« *Comme tu n'as pas prévenu que tu ne venais pas, j'ai cru que tu viendrais et ne me suis pas occupé du dossier X.* ») ou émotionnelles (« *Lorsque tu es allé à cette réunion sans moi, je me suis sentie blessée.* »).

Évitez de qualifier l'attitude de la personne (« *c'était impoli...* ») et d'employer des qualificatifs tels que « *toujours* » et « *jamais* » : « *C'est tous les jours pareils, tu es toujours en retard.* », « *On ne peut jamais compter sur toi.* »

Dites quelque chose de positif : « *Je sais que c'est difficile, et je sais également que tu as les capacités pour en tenir compte* ».

Ne faites qu'une critique à la fois. Sachez qu'avec cette optique (de faire progresser vos interlocuteurs) et cette manière de faire (sans agressivité, sans jugement personnel), vous pouvez tout dire, et vos interlocuteurs ne le prendront pas mal, car ils sauront alors que vous essayez de les aider.

Là où les gens réagissent mal, et avec raison, c'est lorsque votre critique est mal formulée, mal amenée, se transforme en reproche, faite de manière agressive car vous n'êtes pas à l'aise. Alors elle est irrecevable et il n'y a pas de raisons de bien réagir.

Sachez également qu'il doit n'y avoir qu'une critique pour dix compliments, et non l'inverse.

Recevoir une critique

Encore une fois, le principe de base est que la critique est constructive, contrairement au reproche. En ce sens, la critique justifiée vous permet d'avancer. Ceci dit, écoutez attentivement votre interlocuteur, calmement, en vous disant qu'il est là pour vous aider à avancer, pas pour vous « casser ». Reformulez la critique si nécessaire, avec vos propres mots, afin d'être sûr de l'avoir bien comprise (« *en somme, tu es en train de me dire...* »).

Ne contre-attaquez pas, et ne soyez ni agressif ni ironique. Essayez de voir en quoi l'autre peut avoir raison, et ce que vous pensez vraiment.

Faites préciser la critique, si vous la trouvez trop vague, et ne partez pas dans des interprétations, mais restez fixé sur les mots. Ne dramatisez pas la critique. Ne la sous-estimez pas non plus.

Admettez alors votre erreur et dites ce que vous en pensez (« *Je pense que vous avez raison, et je vais en tenir compte, cependant, je ne vois pas tellement bien encore comment mettre ceci en œuvre...* »).

Dites ensuite ce que vous comptez faire en proposant de changer ou pas si vous vous en sentez incapable. Si vous êtes très énervé ou en colère, proposez de remettre la discussion à plus tard. Quoi qu'il en soit, vous n'êtes pas obligé de vous justifier. Cependant, si la critique vous semble injustifiée, ou non fondée, ou si elle est contre votre personne et ne permet pas de faire avancer votre travail, elle devient irrecevable en l'état.

Après avoir fait préciser le point de vue de l'autre, dites-lui alors que vous n'êtes pas d'accord, et expliquez pourquoi. Essayez de comprendre sa position, et éventuellement cherchez ensemble un compromis.

Exprimer un refus

La première chose est d'être sûr de votre réponse, sûr que vous voulez vraiment dire « non ».

Si toutefois vous avez d'abord dit « oui », et, réfléchissant, vous vous dites que c'est vraiment trop compliqué, dites-vous bien que c'est tout à votre honneur de prendre le temps de la réflexion, et de revenir vers votre interlocuteur pour lui dire que vous avez changé d'avis.

Sinon, faites préciser, si vous trouvez que l'information que l'on vous donne est insuffisante : « *Te le prêter pour un moment, qu'entends-tu par un moment ?* »

Une fois votre décision prise, dites-la brièvement, en vous impliquant, en exprimant vos émotions et en montrant de l'empathie (« *Je comprends que tu sois déçu.* »), et sans vous justifier. Vous pouvez fournir une explication, mais sans entrer dans les détails. Il est très correct de dire quelque chose du genre « *Je ne sais pas vraiment pourquoi, mais je n'en ai pas envie* ». Laissez alors parler votre interlocuteur, et persistez dans votre refus, sans excuse, ni justification. Le cas échéant, cherchez un compromis (un « demi-oui » ou un « demi-non »).

Faire une demande

Déterminez d'abord exactement votre demande, et choisissez un moment opportun. Captez l'attention de votre interlocuteur, en faisant attention à votre distance par rapport à lui et à obtenir un contact visuel.

Commencez par une phrase d'introduction.

Soyez clair et concis et impliquez-vous : « *je* », « *j'ai besoin* », « *c'est important pour moi* »…

Impliquez-vous, dites « *je* » et parlez de vous « *je sais bien que… je n'ai pas pu faire autrement…* »

Montrez également de l'empathie : « *Je me doute que c'est un peu compliqué.* »

Faites attention au « *mais* », qui annule l'empathie que vous pouvez susciter chez l'autre. Persistez dans votre demande en utilisant la technique du disque rayé (vous répétez votre demande quasiment à l'identique).

Ceci étant, il est bien évident que votre interlocuteur a le droit de refuser. Sachez l'accepter et respectez sa position. Cherchez alors éventuellement un compromis ou une autre solution. Quoi qu'il en soit, terminez chaleureusement : ce n'est pas parce que votre interlocuteur refuse cette fois-ci qu'il refusera toutes les fois prochaines.

ANNEXE 7

La détente active

Le principe est d'être capable de vous détendre à la demande, sur un « clic », en un instant. Si vous faites disparaître votre tension, vous devenez capable de réfléchir plus efficacement et d'aborder les problèmes de manière plus sereine.

Vos moments de détente

Identifiez les moments de votre vie quotidienne pendant lesquels vous êtes détendu.

Il n'y a pas un moment particulier, mais des moments qui vous correspondent, différents pour chaque personne et selon les moments de votre vie. Ce sont ces moments pendant lesquels vous prenez votre temps et après lesquels vous vous sentez bien, détendu.

Imaginez un scénario reposant

Pensez à un contexte que vous aimez particulièrement. Vous allez maintenant imaginer la situation le plus complètement possible, avec le plus de détails : les bruits, les odeurs, les sensations physiques (vent et chaleur sur votre peau, sol sous vos pieds nus), ce que vous pouvez voir…

Ce peut être une situation que vous avez déjà vécue, ou une situation que vous allez inventer de toutes pièces. Ce doit forcément être une situation de détente, de nonchalance.

Comment procéder ?

Vous allez maintenant associer vos moments de détente à votre scénario.

Une fois que vous êtes détendu, prenez cinq minutes supplémentaires pour systématiquement faire venir le scénario que vous avez créé.

Si vous faites cela tous les jours, il vous faudra environ une quinzaine de jours pour créer le lien entre les deux. Vous pourrez alors utiliser votre scénario dans les moments de tension, en commençant par des moments où vous n'êtes pas trop tendu. Vous sentirez aussitôt une sensation de bien-être vous envahir.

Lorsque cela vous sera devenu assez simple, vous pouvez passer à des situations de plus grande tension.

ANNEXE 8

TROUVER SON ÉTIQUETTE

Vous n'êtes pas arrivé où vous êtes sans avoir su donner une direction à votre vie. Mais parfois, vous pouvez avoir le sentiment de ne rien avoir choisi, d'avoir été comme un fétu de paille emporté par la rivière, simplement car vous n'avez jamais mis des mots sur la direction qui est la vôtre.

Cette direction existe obligatoirement, reflet de vos valeurs, de vos priorités, de vos impératifs, de vos choix (ou ce que vous interprétez comme des non-choix), de votre histoire, bref de votre personnalité.

Vous pouvez décider de vous pencher un peu sur cette direction, afin de mieux la vivre. Choisissez de ne plus subir, et faites les mêmes choses avec un regard neuf.

Notre vie se compose de plusieurs « compartiments » : la vie professionnelle, la vie familiale, les amis, les relations… Chaque compartiment fait à son tour intervenir des activités, des tâches, des loisirs. Matériellement, concrètement, chacune de ces actions est effectivement déconnectée l'une de l'autre.

Ne vous arrêtez pas au premier abord : vous ne faites pas la cuisine parce qu'il le faut. Vous faites la cuisine, parce que vous voulez que vos enfants aient à manger, qu'ils développent leur goût des bonnes choses, parce que vous avez une famille, parce que votre famille, votre couple sont importants pour vous.

Cherchez ainsi le fondement qui vous fait agir, dans chaque circonstance et pour chacune des pièces constitutives de votre vie. Cela vous donnera les premières indications du sens et de la direction qui sont ceux de votre vie. Sans partir dans des réflexions métaphysiques, le ciment entre les morceaux du puzzle, la colle qui les maintient entre eux et qui leur donne leur sens, doit se réduire à un seul mot, une étiquette qui les englobe tous.

Pour cela, dressez une liste de toutes vos activités, de toutes celles que vous avez pratiquées dans votre vie et de toutes celles que vous aimeriez ou auriez aimé faire. Penchez-vous aussi bien sur vos activités professionnelles que familiales, de loisirs... Notez alors en face pourquoi vous les aimez, ce qu'elles vous apportent.

Faites une liste des qualificatifs pour chacune d'entre elles, et confrontez-les.

Choisissez celui qui vous semble le plus approprié, qui recouvre les autres.

Lorsque vous avez trouvé votre étiquette, alors votre vie change d'orientation, de même que le regard que vous portez sur tout et tous, le sentiment de dispersion disparaît, de même que celui d'inadaptation, de même les frustrations et les sentiments négatifs.

Car alors quoi que vous fassiez, vos réussites comme vos échecs, la moindre de vos actions, la plus anodine, ou la plus rébarbative prend corps par rapport à cette étiquette.

ANNEXE 9

Question de vocabulaire

Le vocabulaire est le reflet de nos pensées, de nos réflexions, et donc de nos états d'âme. Prendre conscience de votre mode de verbalisation et le changer peut vous aider à avancer.

Les mots qui doivent vous mettre la puce à l'oreille

Si vous entendez ces mots ou ces expressions chez vous ou chez vos interlocuteurs, vous pouvez être sûrs qu'ils sont/vous êtes en train de faire des « erreurs de raisonnement » et qu'ils sont/vous êtes donc en train de ressentir une émotion négative. Prenez alors de la distance et développez de la compréhension et de l'indulgence à leur/votre égard(s).

- **Mieux** : « *Tout est mieux au service compta.* »

- **Meilleur** : « *Ils sont tellement meilleurs.* »
- **Pire** : « *Ce chef est pire.* »
- **Plus** : « *C'est une entreprise plus agréable.* »
- **Moins** : « *Tous les autres travaillent moins.* »
- **Il faut, il faudrait** : « *Il faut que j'envoie 5 CV chaque jour.* »
- **Je dois, je devrais** : « *Je dois aller déjeuner avec mes collègues.* », « *Je dois terminer mon travail le plus vite possible.* »
- **Toujours** : « *C'est toujours pareil à cette période de l'année.* »
- **Jamais** : « *Les dîners de boulot ne sont jamais amusants.* »
- **Tout, tous** : « *Tous les patrons sont des manipulateurs.* »
- **Tout le monde** : « *Tout le monde pense que c'est bien de se reposer le dimanche.* »
- **Systématiquement** : « *Les garagistes essayent systématiquement de vous changer ce qui n'est pas à réparer.* »
- **Si, alors** : « *S'il ne vient pas à la réunion, alors il n'attache aucune importance à son travail.* »
- **Je ne peux pas** : « *Je ne peux rien faire avancer.* », « *Je ne peux pas y arriver.* », « *Je ne peux pas aller voir mon patron.* »
- **Chaque fois** : « *C'est la même chose chaque fois que nous essayons de faire quelque chose.* »
- **C'est lui** : « *C'est lui qui m'a forcé à accepter ce dossier.* »
- **Rien** : « *Rien ne va.* », « *Je ne fais rien.* »
- **Personne** : « *Personne ne m'aime.* »
- La plupart des mots en **–isme** (sexisme) ainsi que tous les mots extrêmes (calvaire, horreur, mauvais, nul…) : « *J'ai horreur des entretiens d'évaluation.* », « *Les femmes ont toutes des idées naïves.* »

Lorsque vous entendez ces mots, posez et posez-vous la question de ce qui vous permet d'être aussi affirmatif, aussi directif. Quels éléments rationnels vous permettent de les utiliser ? N'avez-vous pas oublié des éléments dans votre décision ? Y a-t-il des contre-exemples ?

Quelques phrases clefs pour vous aider

« **C'est comme ça.** » : traduit le paramètre environnemental. La situation est ce qu'elle est, acceptez-le afin de pouvoir vous y adapter efficacement.

« **Ce n'est pas contre moi mais par rapport à lui.** » : lorsque vous ressentez de l'agressivité de la part de votre interlocuteur, c'est qu'il est le siège d'une souffrance interne, et il l'exprime. Ce n'est donc pas dirigé contre vous personnellement.

« **C'est normal, pour moi. C'est normal, pour lui.** » : par cette maxime, vous acceptez la différence chez vous et chez les autres.

« **Si je dis bien les choses, et que mon interlocuteur réagit de travers, il est responsable de l'échec de notre échange** » : vous avez conscience de ce que recouvre la notion de « trop affirmé », vous savez que la personne dans le juste milieu écoute votre parole, en tient compte et rebondit dessus. Et réciproquement. C'est ce qui fait les échanges fructueux.

POUR EN SAVOIR PLUS

Des lectures

De Béatrice Millêtre

- *Petit guide à l''usage des gens intelligents qui ne se trouvent pas très doués*. Éditions Payot (2007).
- *Bien avec soi-même, bien avec les autres*. Éditions Payot (2008).
- *Prendre la vie du bon côté. Pratiques du bien-être mental*. Éditions Odile Jacob (2009).
- *Le livre des bonnes questions à se poser pour avancer dans la vie*. Éditions Payot (2010).
- *Exercices de PNL pour les nuls*. Éditions First (2010).

D'autres auteurs

- Mihaly Csiksentmihalyi. *Vivre, la psychologie du bonheur*. Robert Laffont (2004).
- Émile Devienne. *Entreprise mode d'emploi. Savoir gérer sa vie quotidienne au travail*. Larousse (2009).
- Thomas Gordon. *Cadres et dirigeants efficaces*. Belfond (1981).
- Denis Grozdanovitch. *L'art difficile de ne presque rien faire*. Denoël (2009).
- Patrick Légeron. *Le stress au travail*. Odile Jacob (2003).
- Bill Lucas. *Boostez votre force mentale semaine après semaine*. Éditions Evergreen (2008).
- Stephen Manes. *Comment devenir parfait en trois jours*. Collection Cascades. Rageot Éditeur (1997).
- Christian Oyarbide. *Mortel management*. Editéa (2009).

✓ Xavier Pavie. *L'apprentissage de soi, exercices spirituels de Socrate à Foucault*. Éditions Eyrolles (2009).

✓ Romilla Ready et Kate Burton. *La programmation neuro-linguistique pour les nuls*. Éditions First (2006).

Des sites Internet

✓ www.mind.org.uk : un site anglais donnant de nombreuses informations sur le bien-être mental

✓ *En français sur* http://www.multikulti.org.uk/fr/health/how-to-improve-your-mental-wellbeing/ : un site institutionnel qui donne un aperçu et des pistes sur ce qu'est la santé mentale

✓ http://learninglab.etwinning.net/web/mindmapping/ : un site réalisé par un consultant et un cours en ligne sur le mind-mapping

✓ www.penser-autrement.net, pour percevoir les autres autrement

✓ http://qualitedevie.ca

✓ http://www.qualitedevieautravail.org, sur la semaine française de la qualité de vie au travail

✓ http://www.passeportsante.net/fr/VivreEnSante/Tests/Test_QualiteVieTravail_Index.aspx : le site d'une association philanthropique québécoise proposant des pistes pour aller mieux

✓ http://www.travailler-mieux.gouv.fr : le site du gouvernement pour lutter contre le stress et prévenir les risques psychosociaux

✓ http://crl.univ-lille3.fr/apprendre/ : le site de l'université de Lille, pour « apprendre à apprendre » (depuis se connaître jusqu'à comment agir)

CET OUVRAGE
A ÉTÉ ACHEVÉ D'IMPRIMER
SUR ROTO-PAGE
PAR L'IMPRIMERIE FLOCH
À MAYENNE EN AVRIL 2010

N° d'impr. : 76352.
D. L. : avril 2010.
(Imprimé en France)